Sehnsucht nach dem Fest der freien Menschen

Gebete aus Lateinamerika

herausgegeben von
Antonio Reiser und Paul Gerhard Schoenborn

Jugenddienst-Verlag, Wuppertal/Gelnhausen

Von Antonio Reiser und Paul Gerhard Schoenborn herausgegeben, erschien 1981 im Jugenddienst-Verlag:

Basisgemeinden und Befreiung
Lesebuch zur Theologie und christlichen Praxis in Lateinamerika
Taschenbuch, 384 Seiten, DM 16,80, ISBN: 3-7795-7351-2

Das Lesebuch enthält Reportagen, Briefe, Predigten, Lieder, Gebete, Comics, Thesen und Reflexionen – Texte aus fast allen lateinamerikanischen Ländern.

Stimmen zum »Lesebuch«:

Es dürfte kaum einen angemesseneren Zugang zur lateinamerikanischen Theologie der Befreiung geben ...
(Horst Goldstein in »Publik Forum« 1/82)

Das »Lesebuch« dokumentiert zum erstenmal in solcher Breite die gesamte Bewegung (der Basisgemeinden), enthält ein vorzügliches, ausführliches Inhaltsverzeichnis und wird auf Jahre hin die klassische Textsammlung sein ...
(Dorothee Sölle in »Evangelische Kommentare« 4/82)

Umschlagmotiv: Bauernmalerei aus Solentiname, Nicaragua
Umschlaggestaltung: hammerteam
Druck und Verarbeitung: Clausen & Bosse, Leck
Gesetzt in der 9/10 Punkt Garamond

CIP-Kurztitelaufnahme der Deutschen Bibliothek

Sehnsucht nach dem Fest der freien Menschen:
Gebete aus Lateinamerika / hrsg. von Antonio Reiser u. Paul Gerhard Schoenborn. – Wuppertal; Jugenddienst-Verlag, 1982
ISBN 3-7795-7369-5

NE: Reiser, Antonio [Hrsg.]

Ausführliches Inhaltsverzeichnis

Die Herausgeber schildern im Vorwort – ausgehend von der Beschreibung des Gottesdienstes einer Basisgemeinde, die in Guatemala verfolgt wird – Situation, Hintergrund und Anliegen lateinamerikanischer Gebete, in denen sich der befreiende Glaube und die Theologie der Befreiung artikulieren. Sie geben ferner methodische Hinweise zur Verwendung des Buches bei uns: zur Andacht des einzelnen und zur Vertiefung ökumenischer Gemeinschaft von Gemeinden.

Anbetung Gottes, der in Christus geworden ist wie alle armen, einfachen, arbeitenden Menschen und der uns in den Armen nahe ist (Eingangslied aus der Misa Campesina Nicaragüense, die im Freiheitskampf gegen die Somozadiktatur entstand).

Ein Psalm der Ligas Agrarias, der den lebenden Christus preist, der Seite an Seite mit den Unterdrückten für Gerechtigkeit und Befreiung kämpft.

Aktualisierter, prophetischer Psalm, der Gott anruft angesichts der Repression der Armen und des Übermuts der Mächtigen und doch voller Zuversicht den befreienden Gott anbetet.

Sehr persönliches Gebet des Bischofs und Dichters, das Jeremia 20,7ff. aktualisiert und in Bezug setzt zu dem Lebensweg und prophetischen Kampf Casaldáligas im Nordosten Brasiliens.

Gott ist der Begleiter in Enttäuschung und Bedrängnis, bei der Arbeit und im alltäglichen Leben, er bleibt die Freude des Beters im Lebenskampf.

Dankgebet eines Menschen, der aus der Hölle der Folterkeller und Repression einer modernen Militärdiktatur befreit wurde.

Der Erzbischof von Recife bedenkt vor Gott, daß alles, was ihm begegnet, ihn zu Gott führt und er in allem von Gott angesprochen wird.

Dankgebet in Basisgemeinden honduranischer Landarbeiter, die im Geist der Liebe Christi für eine Welt der Brüderlichkeit kämpfen wollen. Es entstammt einer umfangreichen Arbeitsmappe dieser Gemeinden, in der die Bedeutung der Arbeit für eine bessere Welt reflektiert wird.

Sehr populäres Lied aus Lateinamerika, in dem sich der immerwährende Dank des gläubigen Menschen ausspricht.

Das eucharistische Hochgebet verbindet die Kommunion und die Erinnerung an Tod und Auferstehung Jesu mit der Erinnerung an das Schicksal der Indios und an die Leidens- und Befreiungsgeschichte der Menschen in Zentralamerika.

Im »Kyrie« und »Sanctus« der Misa Campesina Nicaragüense wird Christus angefleht, sich mit dem unterdrückten Volk zu solidarisieren. (Die Messe war während der Somozadiktatur verboten.)

Der Zimmermann Segundo L. Sánchez beschreibt sein hartes Leben und bittet seinen »Berufskollegen« Jesus um Hilfe: »Komm und teile unser Schicksal«.

Das Gebet spiegelt die Not der Kleinbauern am Amazonas wider, die hart arbeiten müssen, von Großgrundbesitzern vertrieben werden, Angst um die Zukunft ihrer Kinder haben. Aber diese Menschen bekennen auch ihre Hoffnung und ihr Vertrauen zu Gott.

Das psalmartige Gebet schildert Gott die Lage der Volksmassen in Brasilien, vor allem die Situation der Favelabewohner in den Millionenstädten Brasiliens, denn er allein ist die Stärke der Schwachen und Niedrigen.

Konkrete Fürbitten der Basisgemeinden im Industriegebiet von Belo Horizonte für Versammlungsfreiheit, gerechten Lohn, 8-Stundentag, menschenwürdige Lebensverhältnisse: Gebet im Bereich der Industriearbeit in der 3. Welt.

Konkrete Fürbitten vor der Wahl, in denen sich die Befürchtungen, aber auch die Gegenstrategien und Ziele der Basisgemeinden widerspiegeln.

Psalm 11 (12), aktualisiert auf die gegenwärtigen verbrecherischen Unterdrückungsmechanismen sogn. Demokratien.

Flehende Bitten eines Menschen, der – als subversiv bezichtigt – um der »nationalen Sicherheit« willen entführt, gefoltert, seiner Menschenwürde beraubt wurde und dessen Hoffnung trotz allem Gott ist und bleibt.

Dieses Lied des Sängers und Dichters Chico Buarque ist in Brasilien weithin populär. Es durfte erst 1978 veröffentlicht werden. Es gibt das Leiden eines Menschen, der in der Militärdiktatur zum Schweigen verurteilt ist, in Parallele zum Gebetskampf Jesu in Gethsemane verschlüsselt wieder.
»Cálice« = »Kelch« ist doppeldeutig, es kann auch: »Schweig!« heißen.

Gebet für alle, die jetzt um ihr Leben betrogen werden und denen jetzt die Menschenwürde genommen wird.

Eine verstummende, schweigende Kirche kann nicht dem Herrn dienen, sondern paßt sich den Verhältnissen an – ein Gebet um Befreiung zum rechten Wort.

Die Meditation sensibilisiert den Beter für die Marginalisierten und bittet Gott um Kraft, mit den Armen und für sie zu leben. (Pater Mugica wurde am 11. 5. 1974 ermordet.)

Der »gute Genosse Jesus« wird gebeten, den Zustand des kranken Kindes einer armen Frau zu bessern. Der Beter ist bereit, dafür das eigene Wohlergehen zu opfern.

Die in dieser Bruderschaft zusammengeschlossenen Kranken bitten nicht für sich, sondern für die Erleuchtung, Bekehrung und Gesundung der Gesellschaft.

Der Irrsinn der Kriege, die ungerechte Verteilung der Güter, die Verantwortung, gerade den Reichen unangenehme Wahrheiten sagen zu müssen, führt zu einem Gebet um ein waches Gewissen.

Der als Kommunist verschriene Erzbischof von Recife betet für die Reichen, daß mit ihrer Umkehr und der Einsicht in ihre soziale Verantwortung eine bessere Welt entstehe. Er setzt seine Hoffnung auf »abrahamitische Minderheiten«, die die unterdrückerischen Strukturen erschüttern werden.

Ein Gebet für die Opfer eines Systems, das die Reichen immer reicher und die Armen immer ärmer macht, auch unter Mitverantwortung der Christen, die Almosen statt Gerechtigkeit geben.

Poetische und politische Meditation über die Bitten im Vaterunser »und führe uns nicht in Versuchung, sondern erlöse uns von dem Bösen«.

Aktualisierende Paraphrase des Vaterunser, das die politischen Verhältnisse anklagt und das Evangelium von Gottes Reich einklagt.

Der Priester, Dichter und Politiker Cardenal schrieb diese visionäre Vaterunserparaphrase nach der Befreiung Nicaraguas von der Somozadiktatur. Er betet darin um Kraft, daß die Menschen Gottes Liebe auf der Erde realisieren.

Anklagende, die blutige Repression in Guatemala mit allen ihren Erscheinungsformen denunzierende Paraphrase des Vaterunser, voller Sehnsucht nach Erlösung und Befreiung: Gott und sein Reich müssen zu den Menschen kommen!

Ein Adventslied der Basisgemeinden, zugleich ein Gebet, daß der Herr zu den Armen kommen möge, die unter der Dürre und mehr noch unter der Ungerechtigkeit leiden.

III. Klagen und Anklagen

Der Bischof und Dichter bittet um den Frieden Jesu, der das Verhalten und die Verhältnisse in Richtung auf das Reich Gottes ändert.

Lied aus dem Katechismus »Vamos Caminando« der Campesinos in der Peruanischen Siera, in dem der Heilige Geist um seine Hilfe im Freiheitskampf angefleht wird.

Ein populäres Lied, das anklagend fragt, wo Gott ist. Die Antwort lautet, er sei nicht bei den Armen, sondern sitze am Tisch des Patrons.

Warum reagiert Gott nicht auf das Vertrauen, das wir ihm in den Bitten des Vaterunsers entgegenbringen? Warum löst er die Verheißung seines befreienden Eingreifens nicht ein?

Ein Arbeitsloser schreit seine Wut, seine Enttäuschung, seine Ohnmacht heraus und kann nicht verstehen, warum Gott nicht eingreift.

Der kolumbianische Bischof, der Gründer der Priesterbewegung Colconda, der Verteidiger der Neger und Vaupes-Indianer, 1972 bei einem nie aufgeklärten Flugzeugabsturz ums Leben gekommen, beklagt das Aufrüsten der Militärs, die Not des einfachen Volkes und das feige Schweigen der Kirchenführer.

Das Volk Gottes bekommt keine Gerechtigkeit und hat keine Hoffnung. Es bittet Gott, daß diese Generation nicht endgültig von der Ungerechtigkeit überholt wird.

Ein Maurer klagt Gott seine erbärmliche Lage: alle Tage schwere Arbeit und ungerechter Lohn. Er fragt Gott, ob es ihm wirklich um Gerechtigkeit gehe.

Eine Meditation der Basisgemeinden in Lins. Biblische Klagen aus den Klageliedern Jeremias werden parallel zu konkreten Nöten der marginalisierten Menschen herausgeschrieen: Hunger, unmenschliche Ausbeutung der Gelegenheitsarbeiter, Krankheit, Prostitution aus Armut, menschenunwürdige Unterkünfte: »Dahin ist unsere Herzensfreude!« (Klagelieder 5, 15)

Meditation über die Fortsetzung des Leidens Jesu in der Gegenwart: in der persönlichen Einsamkeit, im individuellen Leid, in der politischen Repression und im ungerechtfertigten Vernichtskampf. Und doch gilt auch heute: »In deine Hände befehle ich meinen Geist!«

Verzweifeltes Gebet eines Dominikaners, der in den Gefängnissen des Militärregimes unmenschlich gefoltert wurde, seelisch den Terror nie verarbeiten konnte und sich 1974 im Exil das Leben nahm. Pater Tito ringt mit dem Schweigen Gottes, das er nicht versteht.

In Argentinien, aber auch in anderen Ländern Lateinamerikas, werden Menschen verhaftet und verschleppt; sie verschwinden spurlos. Selten kommt eins dieser Opfer des Staatsterrorismus lebend zurück, selten findet man die Leiche. Die Mutter eines »Verhafteten/Verschwundenen« schildert Jesus ihre Verzweifelung und vergleicht ihre Situation und die anderer Mütter, die Ähnliches erdulden, mit der Passionsgeschichte: das Leiden Jesu setzt sich auch heute fort. Aber, so bekennt sie, es lebt in diesem Geschehen auch die österliche Hoffnung weiter.

Eine Frau, deren Mann bei Repressalien »wie eine wehrlose Taube« umgebracht wurde, klagt Gott ihr Leid.

Luis Espinal meditiert in sehr spiritueller Weise über die Anwesenheit Christi im Alltag, im Leben, im solidarischen Mitleiden mit den Brüdern, in den Armen, »in jedem Menschenkrümel«.

Das Jesuskind, der inkarnierte Gottessohn, lebte wie die kleinen Kinder in den Anden, und seine Eltern arbeiteten ebenso wie die Menschen in der Sierra.

Der Erzbischof von Recife erbittet von Gott, daß er ihn nicht nur im Sakrament des Altars, sondern in den hungernden Armen suchen und finden möge.

Ihr tägliches Brot finden unzählige Kinder zusammen mit den Hunden auf den Müllhalden. Wir können Gott nur ums tägliche Brot bitten, wenn wir es mit diesen Kindern teilen.

Drei inhaftierte brasilianische Priester verstehen ihre demütigende, menschenunwürdige Lage als Fortsetzung der Leiden Christi und bitten ihren Herrn für ihre Folterknechte.

Sündenbekenntnis des Nationalkonzils der evangelischen Kirchen Nicaraguas: diese bitten vor allem wegen ihrer Zaghaftigkeit, in der sie die Zeichen des Reiches Gottes zu wenig realisiert haben, um Verzeihung.

Schuldbekenntnis der christlichen Jugend vor Gott, in dem das Versagen dem Staat, seinen Ungerechtigkeiten und seinen Widersprüchen gegenüber ausgesprochen wird.

Gebet um Frieden, aber auch um Mut und Entschlossenheit, den Frieden angesichts einer drohenden Intervention der USA zu verteidigen.

Seligpreisungen des Menschen, der gewaltfrei lebt, sich für Gerechtigkeit einsetzt, solidarisch mit den Armen ist, auch wenn er als subversiv abqualifiziert wird.

Kreuzwegandachten aus der Industriestadt Belo Horizonte in Mittelbrasilien aus Anlaß der Kampagne der Brüderlichkeit 1981, die das Thema hatte: »Gesundheit für alle«. Zu jeder Kreuzwegstation wird der Holzschnitt eines unbekannten Künstlers aus Nordostbrasilien abgebildet.

Aus Anlaß des 1. Jahrestages der Ermordung des Erzbischofs von San Salvador während einer Messe fanden in vielen Ländern Gedenkgottesdienste statt. Das Komitee für Gerechtigkeit und Frieden in Guatemala erarbeitete diese viel verwendete Gottesdienstvorlage über Mons. Romero, der als treuer Hirte in der Nachfolge des guten Hirten Jesus Christus starb.

Text einer Andacht während der 4. Konferenz der ökumenischen Vereinigung der Theologen der Dritten Welt in Sao Paulo. In ihr wird anhand von Lk. 9, 49–50 über die christliche Bedeutung der Volksorganisationen meditiert und in einer österlichen Liturgie an die unzähligen Märtyrer des Volkes gedacht, die Opfer der Repression in Lateinamerika wurden. Sie sind ermordet worden, aber: »Sie sind unter uns!«

Gebet aus einem Gottesdienst anläßlich des 1. Jahrestages der Entführung des Padre Conrado und seines Freundes Herlindo am 1. Mai.

Zamora ist einer der Studenten, die an der bewaffneten Auseinandersetzung 1970 in Bolivien beteiligt waren. Er faßte sein Engagement als ein Gebet des Evangeliums auf. Sein »Kampftagebuch« ist in Wirklichkeit eine Meditation, eine fortwährende Unterhaltung mit Gott. Er fiel am 8. 10. 1970 im Kampf. Der »Brief an Gott« wurde 3 Wochen vorher geschrieben.

Vaterunserparaphrase des brasilianischen Theologen im Geiste der befreienden Theologie, die sich im Herrengebet ausspricht.

Lied aus einem politischen Abendgebet in Belo Horizonte, in dem die Gewißheit artikuliert wird: Wir arbeiten in der Nachfolge Jesu für Frieden und Befreiung. Die Eucharistie stärkt uns dabei.

Im Kampf gegen Ungerechtigkeit und Ausbeutung wollen sich die streikenden Automobilarbeiter im Geiste Jesu Christi gewaltfrei einsetzen.

Lieder aus dem Katechismus »Vamos Caminando« der Campesinos in der Peruanischen Sierra, in denen sich die Gewißheit ausspricht, an der Seite Gottes für Menschlichkeit und Befreiung zu kämpfen.

Jesus Christus ist Lebensinhalt und Tiefe der Existenz des engagierten Bischofs, der für die Menschen und für das Reich Gottes arbeitet.

Konkret beschreibt Fredy Kunz die Menschen, die genau so leben und kämpfen wie er und deren Gott er – wie sie – vertraut.

Im Traum hört der Beter die Botschaft, daß Gottes Erlösung bei den Verdammten dieser Erde beginnt. Er steigt zu ihnen hinab und will etwas aus ihnen machen. Aber erst als er bei ihnen bleibt und wird wie sie, versteht er »die Mission zu befreien«.

Litanei, die beschreibt, wie die Kirche El Salvadors, ja die Kirche Lateinamerikas »die Sakristei verließ«, Jesus Christus nachfolgte und wie dieser geschmäht, gefoltert und gekreuzigt wurde und wie Jesus Christus nicht zum Schweigen gebracht werden konnte trotz des Martyriums. Gleichnishaft dafür steht das Ereignis, daß die Vernichtung und Unkenntlichmachung eines Massengrabes von Opfern des Staatsterrorismus den damit beauftragten Polizisten mißlang: Auch Sprengungen mit Dynamit konnten die Anklagen der Leichen von Olancho im Lepagnare-Tal nicht zum Schweigen bringen.

Credo aus der Misa Campesina Nicaragüense: Es preist den Schöpfer und den Erlöser, der den neuen Menschen für die Befreiung von Ausbeutung und Unterdrückung geschaffen hat und so die Auferstehungswirklichkeit in die Welt trägt.

Bekenntnis zu Gott, der sich durch Jesus Christus bekannt gemacht hat, der in jedem System gegen den Strom schwimmt und dem es auf Menschlichkeit und Liebe ankommt.

VIII. Visionen des Künftigen

Glaubensbekenntnis bei einer Messe in der Kathedrale von Cuernavaca am 18. 9. 1976, in dem der Gott gepriesen wird, der in die Freiheit führt.

Credo im Geiste von Kontemplation und Kampf, in denen die Befreiung der Menschen für eine offene Zukunft ersehnt wird.

Mystische, bekenntnishafte Schau Cardenals, daß Gott, der die Liebe ist, seine zielgerichtete Evolution in der Menschenwelt fortsetzt durch willentlich von Menschen herbeigeführte Veränderungen der Gesellschaft.

Christen, die in der Alphabetisierungskampagne engagiert sind, bekennen sich zu dem Geist der Liebe und der Freiheit Jesu Christi in dieser Aktion. Sie wollen mit ihrem Engagement das Wachstum des Reiches Gottes in Nicaragua fördern.

Vor Erzbischof Romero legte Schwester Silvia Maribel ihre Gelübde ab. In der Gelöbnisformel verspricht sie, dem Herrn Jesus Christus zu dienen, indem sie den Armen und deren Befreiung dient. Sie wurde am 17. 1. 1981 ermordet.

Dieses eucharistische Hochgebet ist Ausdruck des Bekenntnisses, daß Gott, der Befreier, gehandelt hat im Leiden, Kampf und Sieg des nicaraguanischen Volkes, das die Somozadiktatur abschüttelte. Das Volk dankt Gott für diese Befreiung. Die Gemeinde will sich in der Kommunion mit Christus vereinen und mit ihm seine Hoffnung auf das Reich Gottes, das Reich der Liebe und der Freiheit, weitertragen.

Vor seiner Hinrichtung in der Schlußphase des Terrorregimes Somozas schreibt ein Mann an seinen Sohn: voller Hoffnung auf eine veränderte Erde für seine Kinder und für alle Menschen, die sich nach Freiheit und menschenwürdigem Leben sehnen.

Anhang

Thema Dritte Welt

Rastafari
Fotografiert von Anno Wilms
Textredaktion: Lutz Kliche
Text-Bild-Band, Großformat, 72 Seiten,
DM 24,80

Ursula Schulz
Dein Friede sei mein Friede
Vorwort von Ernesto Cardenal
Fotos von Conrad Contzen
mit vielen vierfarbigen Abbildungen,
Großformat, 84 Seiten, DM 24,80

Ruth Weiss
Ein Lied ohne Musik
Politische Autobiographie
336 Seiten, Taschenbuch, DM 16,80
Laetare-Frauenprogramm
Vierzig Jahre hat die Journalistin
Ruth Weiss im südlichen Afrika gelebt,
kennt wie keine zweite das Leben
und die politischen Geschehnisse der
Republik Südafrika und der Frontstaaten
Sambia und Zimbabwe

Regina Horstmann-Neun
Djenah
Meine schwarze Freundin erzählt
112 Seiten, Taschenbuch, DM 9,80
Laetare-Frauenprogramm

Bestellung:

____ Ex. **Rastafari**
____ Ex. **Weiss, Ein Lied**
____ Ex. **Dein Friede sei . . .**
____ Ex. **Neun, Djenah**

____
Datum – Unterschrift

Wenn Sie es wünschen, informieren wir Sie gerne kostenlos und regelmäßig über unsere Arbeit.

Vision vom künftigen Leben auf dieser Erde, nach dieser Zeit der Gewalt und der Terrorherrschaft: »Ich werde den Boden von morgen bebauen, auch wenn ich heute zusammenfügen muß den Körper meines Bruders, der zerstückelt wurde.«

Jesus, Sohn des Tischlers, König der Könige, ruft die Armen: er wird sie nicht verlassen.

Psalm des befreiten Menschen, den Gott gerufen hat, Frieden anzusagen und Freiheit zu realisieren inmitten des Volkes.

Weil die ausgebeuteten Landarbeiter wissen, daß sie Gottes Volk sind und im Himmel schon ihr Land haben, fordern sie Boden, Freiheit, Gerechtigkeit und Menschenwürde auch auf dieser Erde. Sie sind bereit, dafür zu kämpfen.

In einer Welt voller Gewalt besingt dieser Psalm den Frieden, der durch die Armen, Niedrigen, Einfachen gebracht wird und wie Tau für diese vertrocknete Erde ist.

Eines Tages ist alles verändert: die Verheißungen einer künftigen, menschenwürdigen Welt realisieren sich auf wunderbare, beglückende Weise.

Mystisches, expressives Gedicht von der Inkarnation Jesu und von der Erlösung im Reich Gottes. Durch alle Unmenschlichkeiten, Verfolgungen, Kämpfe, Verzweiflungen und Siege hindurch wirkt das Wort und bringt das Reich Gottes zu den Menschen.

Vorwort

»... was wir gehört haben, was wir mit unseren Augen gesehen, was wir geschaut und unsere Hände angefaßt haben ...«
1. Johannes 1,1

»Gegen Abend trat Domingo in die Hütte ein, seinen Beutel unter dem Arm. Behutsam und sehr andächtig packte er die mitgebrachten Sachen aus und legte sie auf ein wackliges Tischlein. Eine Lampe mit ruhig brennender Flamme spendete Licht. Aus dem nahen Maisfeld kamen Füße mit viel Dreck und vieler Hoffnung herbei; Hände rückten ebenfalls heran, die noch nach dem Maiskuchen rochen, den sie soeben aus der Backschale geholt hatten; auch Kinderärmchen meldeten sich, an denen man noch die Spuren davon sah, daß sie Holz nach Hause gebracht hatten. Es waren allesamt Christen. Sie kamen heimlich zusammen, voller Angst und dennoch sehr entschlossen. Sie begrüßten sich alle als Freunde, die zusammengehören, und fingen an, über das zu reden, was sie betrübte, und tauschten ihre Armut aus. Sodann las Domingo aus jenem Buch, das vorher so behutsam im Beutel verborgen war, was Jesus ihnen zu sagen hatte. Alle unterhielten sich über diese Worte und nahmen sie in ihr Herz auf. Aus seinem Vorrat entnahm dann Domingo weiße Hostien, die aussahen wie kleine Maistortillas. Er teilte sie aus und betonte mit zitternder Stimme: »Das ist Jesus, die Nahrung für unser Leben.« Und alle antworteten: »Ja!« Sie steckten auch noch Jesusbrot in ihre Beutel, die aussahen, als wären sie blutbefleckt. Dann verabschiedeten sich alle mit einer Umarmung, die Lebewohl und Verpflichtung für den Frieden in einem war. Dann zogen sie fort zu ihren Hütten in den Bergen, mit viel mehr Mut zum weiteren Lebenskampf. Es war Ostern.« (Comite Pro Justicia y Paz-Guatemala)

So betet man in Guatemala, aufgrund der dort herrschenden Verfolgung. Nicht allenthalben in Lateinamerika ist das der Rahmen des Glaubens. Nicht überall findet so im Dunklen und doch im Licht das Gebet der Christen statt. Es wird ja auch viel gebetet in Kirchen und Kapellen, an Wallfahrtsorten und bei Volksfesten auf dem Dorfplatz. Doch, das Gebet ist auch in Elendshütten, im Urwald und auf den Bergen sehr zu Hause. Weil das Volk sehr fromm ist, gehört das Gebet auch zum Befreiungskampf. »Der katholische Kontinent« ist fromm, für europäische Vorstellungen unvorstellbar fromm! Wie in der verwirrenden Vielfalt und Widersprüchlichkeit Lateinamerikas tun sich auch Gegensätze auf zwischen einem konservativ frommen Christentum und einer liberalen, progressiven, Befreiung ersehnenden und erkämpfenden Glaubenshaltung. Es gibt die stille, gläubige Ergebung in das Schicksal, das Gott einem bestimmt hat, und es gibt das kämpferische Einklagen der verweigerten Menschenrechte und den Protest gegen das geschändete Ebenbild Gottes im leidenden Menschen. Mancherorts finden wir Kulte afro-indianischen Ursprungs mit spiritistischen Inhalten. Immer wieder begegnen wir einem traditionellen Volkskatholizismus, mit Inhalten und Bräuchen, die abergläubisch anmuten, aber das Leben und den Lebenskampf dieser Menschen widerspiegeln. Heiligen- und Marienverehrung bestimmen vielfach die Volksfrömmigkeit. Nicht selten wird aber diese durch charismatische Bewegungen erneuert. Wo der protestantische Pietismus nicht allzu sehr verinnerlicht bleibt, sickern pfingstlerische Strömungen in den frommen Boden ein. Durch die Beteiligung am Befreiungsprozeß erneuern evangelische Glaubensgemeinschaften gleichzeitig ihr Gebetsleben. »Fromme« Generäle bei offiziellen Festmessen, »konservative« Kirchenfürsten und christliche Organisationen richten sich noch nach den alten und »bewährten« Formen des Gebets. Doch, in den Basisgemeinden, in denen der Kampf um mehr Gerechtigkeit Hand in Hand geht mit Bibellektüre, Gebet, Gesang und sakramentaler Feier, werden längst schon neue Wege gebahnt.

Stimmen lateinamerikanischer Menschen dringen zu Gott, wie das Blut Abels, wie der Schrei Jesu am Kreuz, wie das Halleluja der österlichen Urgemeinden. Solche Stimmen, Ausdruck der Wirklichkeit, dringen zu uns: Fragen voller Resignation und doch auch mit der Hoffnung, ob es nicht jemanden gibt, der sie hört und dem Geschehen der Menschenverachtung, Ausbeutung und Vernichtung ein Ende macht; schillernde Poeme, in denen das Fluchen der Gottlosen zum Ausdruck kommt, das nach Martin Luther in den Ohren Gottes doch lieblicher klingt als das bigotte Halleluja der Frommen; Bekenntnisse, in denen sich das christliche Zeugnis artikuliert in einer Tiefe, mit einem Leben, das an die Artikulation des Glaubens in den alttestamentlichen

Psalmen erinnert. Es sind schon besondere Stimmen: vieles ist sehr mystisch, sehr spirituell, zugleich aber auch stark politisch; sehr aus den Tiefen der Existenz kommend und vom Boden der Wirklichkeit aus rufend.
Wenn Menschen beten, artikulieren sie sich – einsam oder gemeinsam – vor Gott, mit ihrer Angst, ihrer Not, ihrem Elend, ihrer Gottverlassenheit. Aber sie artikulieren sich auch engagiert, eindeutig, im Dunkeln nach dem Licht ausschauend und sich auch über das Licht, die Sonnenstrahlen, die sie wärmen, freuend. Sie wollen nicht mit sich allein bleiben – das geht nun mal nicht in Lateinamerika!

»Unser Schmerz ist groß, unsere Unterdrückung wächst; der Mensch kann sich nicht mehr aussprechen, kann nicht mehr sein eigenes Wort schaffen. Wir leben von Almosen. Wir werden entfremdet, durch Propaganda, Ideologien und Versprechungen. In dieser Situation steigt der Psalm aus dem Mund der Niedrigen auf als ein Schrei und als schweigende Tat, als ein Wort, aus unserem eigenen Inneren gewachsen.
Vielleicht ist dies die letzte Möglichkeit zur Widergewinnung unserer Würde. Und Gott ist mitten in allem wie das Mehl im Brot, von vorne bis hinten. Er ist unser A und unser Z. Er ist unser Anfang und am Ende unser letztes Ziel.«
(Aus einer hektographierten Sammlung, ohne Verfasser, ohne Jahr, aus Brasilien: »Os Salmos da vida«, nach der Übersetzung H. Brandt »Die Glut kommt von unten«, Neukirchen 1981, Seite 16.)

Die Artikulation der »Stimmlosen« stammt aus einem Bewußtwerdungsprozeß, aus dem Erwachen des Volkes, das sich in Volksorganisationen und Befreiungsbewegungen seinen eigenen Weg bahnt. Sie kommt zu Wort im Ringen mit Gott, in der Hinwendung zur letzten Instanz aller Macht. Kinder und Erwachsene wollen sich ausdrücken und auch so ihre Menschwerdung erreichen. Wird es ihnen sonst nicht ermöglicht – oder gar nicht erlaubt – so greifen sie im Gebet zur Theologie der Befreiung.

»Das Gebet des Volkes Gottes in Lateinamerika ist heute zunächst ein Schrei des Schmerzes und der Angst, wenn sich in Situationen der Unterdrückung kein Licht am Horizont zeigt, wenn es keine menschliche Hoffnung mehr gibt. Es ist der Schrei, den das Volk mit der Bitte um Gerechtigkeit und Freiheit an sei-

nen Vater richtet. Ein derartiges Gebet ist Rebellion des Gewissens, Protest gegen Unrecht und Sünde, Appell an eine Wahrheit, die über den Lügen der offiziellen Propaganda steht: Gebet ist das Recht, eine letzte Zuflucht in Anspruch zu nehmen und an sie zu glauben. Gebet ist Dank, gerichtet an den Vater, der sich den Gemeinschaften offenbart, und für die Hoffnung, die sich in ihnen verwirklicht. Schließlich bittet das Gebet um Vergebung für Feigheit und Apathie, für den mangelnden Mut der Kirche, ihre prophetische Stimme zu erheben, Bitte um Vergebung für das Gebundensein an Güter, die man sich erwarb, an Prestige und alles, was den prophetischen Mut herabsetzt.«
(Dom Marcelo Pinto Cavalheira, Weihbischof von Paraibo, Brasilien – in Hildegard Goss-Mayr, Hrsg.: Geschenk der Armen an die Reichen, Europa-Verlag, Wien 1980, Seite 79f.)

Wir haben mit vielen Menschen, Gruppen und Basisgemeinden in Lateinamerika mitgebetet – zuhörend und aufnehmend. Wir haben viele dieser Gebete mit auf den Weg genommen, um fern von diesem heimatlichen Boden auch im europäischen Kontext noch weiter- und mitbeten zu können. Wir haben eine Sammlung solcher Gebete aus Lateinamerika zusammengetragen, damit auch viele andere Menschen mitbeten können. Manche sind schon bekannt; aber vieles ist neu, denn es entstammt einer »Kleinliteratur«, die auf hektographierten Blättern unter christlichen Gruppen in Lateinamerika zirkuliert. Wir haben auch absichtlich auf bereits veröffentlichte und in deutscher Sprache erschienene Gebete zurückgegriffen, um diese in einen Gesamtzusammenhang einzubeziehen. Uns liegt sehr daran, im lateinamerikanischen Gebet auch die vielfältige und sogar widersprüchliche Wirklichkeit Lateinamerikas zur Sprache kommen zu lassen.

Wir haben diese Sammlung lateinamerikanischer Gebete so aufgegliedert:

I. Lob des befreienden Gottes
II. Hilferufe aus der Tiefe
III. Klagen und Anklagen
IV. Einsichten vor Gott
V. Gottesdienste in der Christusnachfolge
VI. Vergewisserung auf dem Wege
VII. Bekenntnisse im Befreiungskampf
VIII. Visionen des Künftigen

Das ausführliche Inhaltsverzeichnis sagt etwas über die Herkunft der Gebete, gibt Stichworte zum Inhalt, zur politischen und sozialen Situation und soll eine Hilfe zum Gebrauch sein.

Danken möchten wir folgenden Freunden, die uns bei dem Zusammentragen der Gebete tatkräftig unterstützt haben:

Maria ... (von »Justicia y Paz«), Horst Goldstein (Lilienthal), Nelson Kinn (Witzenhausen), Johannes Meier (Würzburg), Rudolf Renfer (Genf), Miguel Torres (Jinotepe-Nicaragua). Unser besonderer Dank gilt dem Freund und Bruder Ulrich Schoenborn und den Freunden im Verlag für deren starkes Engagement in bezug auf die Menschen in Süd- und Mittelamerika und für die unermüdliche Mithilfe bei der Entstehung dieser Gebetssammlung.

Welche Wirkung erhoffen wir uns für diese Sammlung lateinamerikanischer Gebete? Wir können uns vorstellen, daß sowohl einzelne Leser zu diesem Buch greifen und sich darin vertiefen, als auch, daß Gemeindegruppen das Buch verwenden in ihrer Arbeit, sei es zur Andacht, sei es zur Vorbereitung von Gottesdiensten. Dabei kann folgendes geschehen:
Der Blick der Christen in unserem Land wird geschärft für die Not, die Unterdrückung, die Ausbeutung und das unendliche Leiden der Menschen in Lateinamerika.
Aber die Gebete vermitteln auch, welcher Reichtum an Hoffnung, an Glauben, an Nächstenliebe und Engagement in diesem uns so fernen und doch so nahen Kontinent vorhanden ist und wie das Gebet als Ausdruck des Glaubens zutiefst auch der Lebensimpuls der Theologie der Befreiung ist.

Selbstbesinnung und Buße können bei uns durch diese Begegnung mit den Christen in Lateinamerika eingeleitet werden, und das in einem mehrfachen Sinn: Unsere Glaubensschwäche, unsere Phantasielosigkeit, unser Fatalismus werden uns selbst bewußt angesichts der Lebendigkeit der Glaubenszeugnisse aus Lateinamerika. Aber mehr noch kann uns deutlich werden, auch durch den Hintergrund dieser Gebete, daß wir objektiv in der Schuld der Menschen dort stehen durch die unterdrückerischen und ausbeuterischen Strukturen unserer Welt.
Wir können durch diese Gebete veranlaßt werden zu brüderlichem Beistand, zu phantasievoller Solidarität, zu wirklichem lebendigem Engagement.

Wir können die Stimmen der Mitchristen aus Lateinamerika in ökumenischer Verbundenheit auch bei uns erschallen lassen. So können die Gebete im einzelnen verwendet werden:
a) bei persönlicher Meditation zur christlichen Selbstbesinnung, zur Gewissenserforschung und Vergewisserung des Heils, zur Andacht im Aufblick auf die »Wolke der Zeugen« und im Hören auf die weltweite ökumenische Christenheit;
b) im Gottesdienst, in dem Gebete, Psalmen und Bekenntnisse aus Lateinamerika in der Liturgie verwandt werden, teils als Kontrast zum eigenen Glaubenszeugnis, teils zur Bereicherung des eigenen Bekennens;
c) im Unterricht und in Jugendgruppen kann man vielfältig mit den Texten arbeiten:
Die Gebete können – auch in Gruppenarbeit – analysiert werden.
Manche Inhalte eignen sich zur Illustration der Verhältnisse in Lateinamerika.
Die Gebete eignen sich auch für meditative Eröffnungen oder Abschlüsse von Gruppen und unterrichtlichen Veranstalten.
d) Schließlich kann diese Gebetssammlung kontrapunktliche Kreativität von Einzelnen und Gruppen in Gang setzen. Man könnte Gebetsanliegen bei uns und in Lateinamerika auflisten und miteinander vergleichen. Man könnte die sprachliche Struktur der lateinamerikanischen Gebete feststellen und versuchen, mit diesen strukturellen Elementen Neuformulierungen für unsere Situation zu erreichen.

Niemand unter den deutschsprachigen Lesern und Benutzern dieser Gebetssammlung wird sich wirklich in die Lage der Betroffenen versetzen (können) und niemand wird sich mit allen Betern identifizieren (wollen). Doch werden viele den Versuch wagen, aus ihrem Leben im Glauben mitzubeten. Jeder von uns ist ja auch ein Mensch mit Sprache und Gefühl, mit Wünschen und Hoffnungen, mit Glaubensüberzeugung und dem ehrlichen Bemühen, aus christlicher Verbundenheit Brücken zu schlagen und Vernetzungen herzustellen. Wer so mit den Schwestern und Brüdern Jesu in der weiten Welt zusammenkommt, findet auch Jesus auf neuen Wegen. Er arbeitet mit an der Erneuerung seiner Kirche, wie es auch die Geschwister aus der Ferne Lateinamerikas tun, kämpferisch und glaubwürdig. Dadurch tun sich dann neue Freiheitsräume auf und neue befreiende Erfahrungen werden möglich:

»Sie haben von mir gefordert,
daß ich ihnen einen Gott anbiete,
der billig zu haben ist,
einen Sicherheitsagenten,
einen Ratgeber fürs Glück.
Und ich kann nicht mehr,
als ihnen einen Gott geben,
der schwach ist an Macht,
der sich einlädt,
uns zu befreien,
und der sich selbst zum Sklaven macht.
Wenn du den Armen zu deinem Bruder machst
wirst du gut verstehen,
daß die Reichen sich einen Götzen gemacht haben,
und der lebendige Gott gerade das Gegenteil ist.«

(Aus: Vamos Caminando, Glaube, Gefangenschaft und Befreiung in der peruanischen Sierra, Tübingen, 2. Aufl. 1980, Seite 47.)

Ostern 1982

Antonio Reiser
Paul Gerhard Schoenborn

I Lob des befreienden Gottes

Du, Herr, bist die Freude in meinem
Leben
Im Kampf für Wahrheit und
Gerechtigkeit
Machst Du, Herr, mich gewiß

Aus: Os Salmos da Vida, Brasilien

1. Du bist der Gott der Armen

Du bist der Gott der Armen · der Einfache und Menschliche · der Gott, der auf der Straße schwitzt · der Gott mit dem sonnengegerbten Gesicht · Deshalb spreche ich zu dir · so wie mein Volk spricht · weil du der werktätige Gott bist:
· Christus, der Arbeiter.

Du gehst mit meinen Leuten Hand in Hand · kämpfst auf dem Lande und in der Stadt · im Arbeitslager stehst du Schlange · damit sie dir deinen Tageslohn bezahlen · Du ißt dort im Park mit Eusebio · mit Pancho und Juan José · und kratzt deine Schüssel aus · wenn in deinem Cirope zu wenig Honig ist.

Ich habe dich in einem Wirtshaus · beim Schank sitzen sehen · ich habe dich gesehen, als du Lose verkauftest · auf der Gasse · und du hast dich nicht geschämt · ich hab dich bei der Tankstelle gesehen · wie du die Reifen eines Lasters überprüft hast · sogar bei der Straßenpatrouille · im Overall und mit Lederhandschuhen.

Du bist der Gott der Armen · der Einfache und Menschliche · der Gott, der auf der Straße schwitzt · der Gott mit dem sonnengegerbten Gesicht · Deshalb spreche ich zu dir · so wie mein Volk spricht · weil du der werktätige Gott bist:
· Christus, der Arbeiter.

Nicaragua

2. Laßt uns preisen den lebenden Christus

Laßt uns Jesus loben, alle unterdrückten Völker,
denn eine Welle der Rebellion hat wie ein starker Blitz
von Süden nach Norden
den Horizont in Licht versetzt.

Laßt uns preisen den lebenden Christus,
alle die wir auf der Welt Hunger und Durst haben,
denn sein Geist der Befreiung erschüttert bereits unser Inneres.

Laßt uns singen befreiende Lieder,
denn wir spüren im Herzen
wie einen Vulkan in Eruption seine Befreiungskraft.

Laßt uns Christus, dem Herrn der Geschichte, nachfolgen,
der für uns Partei genommen hat.
Er hat die Unterdrückung seines Volkes gesehen
und ist hernieder gekommen, um uns zu helfen,
Seite an Seite, bei unserm Kampf.

Wir danken dir, Jesus,
daß du nicht gekommen bist, um behilflich zu sein
nach der Art der Machthaber.

Du hast es verstanden, dich zu beteiligen an unserm Leid,
an unserm Kampf, indem du in allem uns ähnlich wurdest.
Wir danken dir, Jesus,
daß du immer mitwirkst, überall, wo nach Befreiung gesucht wird.

Wo für Gerechtigkeit gekämpft wird
nehmen wir deine Anwesenheit wahr, o Herr.
Wenn die Blinden sehen und die Lahmen gehen,
wenn das Volk bewußt wird und sich auf den Weg begibt,
sehen wir darin deine Hand, o Herr.

Es ist die Kraft Christi,
die die Ketten der Unterdrückung sprengt
und die Riegel der Gefängnisse zerschlägt.
Es ist Christus selber, der mit uns kämpft,
wen sollen wir fürchten?
Gelobt sei Gott, der uns den Sieg verheißt!

In unserem täglichen Kampf für das Leben
bricht ein Morgenrot auf, das »das Jubel-Jahr des Herrn« verkündet,
bei dem es keine Unterdrücker und keine Unterdrückten
mehr geben wird, sondern allein ein großes Volk von Brüdern.

Paraguay

3. Deine Wunder will ich singen

Psalm 9 (9/10)

Herr, deine Wunder will ich singen,
Psalmen werde ich singen,
denn des Feindes Streitkraft ist zerschlagen.

Die Mächtigen haben die Macht verloren.
Verschwunden sind ihre Denkmäler und Bilder,
entfernt ihre Gedächtnistafeln.

Du hast ihre Namen ausgelöscht für immer.
Man findet sie nicht mehr in den Zeitungen,
nur die Historiker werden sie noch kennen.
Straßen und Plätze sind nicht mehr nach ihnen benannt,
denn du hast ihre Partei vernichtet.

Du allein regierst ewig,
GERECHTIGKEIT heißt Deine Macht.
Du regierst alle Völker und ihre Regierungen.

Du bist ein Verteidiger der Rechtlosen.
Du erinnerst dich der Morde
und vergißt die Klage der Armen nicht.
Blick auf mich im Konzentrationslager, Herr,
zerschneide den Stacheldraht,
hol mich heraus aus den Toren des Todes,
daß ich dir Psalmen singe vor Zions Toren.
Mit ihren eigenen Waffen werden die Feinde geschlagen,
durch ihre eigene Polizei werden sie gestellt.

Der Herr wird ihre Taktik durchkreuzen,
bald werden sie einbalsamiert und in Mausoleen ausgestellt.
Herr, erhebe dich, damit nicht Karrieremacher uns beherrschen,
hilf, daß die Ausgebeuteten nicht länger vergessen werden
und die Armen nicht immer vergeblich hoffen.

O Herr,
unterwirf sie ihren eigenen Terrorsystemen,
damit sie erfahren, daß sie Menschen sind, nicht Götter!

Wie lange, Herr, wirst du verborgen bleiben?
Die Gottesleugner sagen, du existierst nicht.
Wie lange werden Diktatoren noch herrschen?
Wie lange noch wird man ihre Stimmen im Radio hören?

Jeden Abend feiern sie Feste,
wir sehen die Festbeleuchtung von weitem.
Sie sitzen bei ihren Banketten –
und wir sind im Kerker.

Für sie ist Gott nur eine Vokabel,
GERECHTIGKEIT ein Schlagwort.
Ihre Presseerklärungen sind Betrug,
ihre Worte sind nur Waffen der Propaganda,
Werkzeuge der Unterdrückung!

Wir sind umgeben von Spionagenetzen.
Erhebe dich, Herr,
vergiß die Unterdrückten nicht
und laß die Herrschenden nicht in dem Glauben,
daß sie davonkämen.

Du siehst, was geschieht.
Du kennst unsere Kerker.
Du nimmst dich der Verfolgten an.
Dir wird das Waisenkind anvertraut,
die Kinder aller Ermordeten.

Zerschlage, Herr, ihre Geheimpolizei
und ihre Kriegsgerichte,
daß ihre Heeresmacht spurlos verschwinde.

Du bist es, der die Jahrhunderte regiert.
Du hörst das Gebet der Demütigen
und das Weinen der Verwaisten.

Ein Anwalt bist du den Ausgebeuteten und Bestohlenen,
damit nicht hochmütig werden,
die oben sitzen und die Macht in Händen halten!

Ernesto Cardenal, Nicaragua

4. Du hast mich betört, Herr,
(Jeremia 20,7)

»Du hast mich betört, Herr,
und ich habe mich betören lassen«
seit ich deinen Namen
durch das häusliche Gestammel gelernt habe.

»Du hast mich betört, Herr,
und ich habe mich betören lassen«
und habe meine Jugend verzehrt
in glühender Erwartung deines Kommens.

»Du hast mich betört, Herr,
und ich habe mich betören lassen«
durch jeden neuen Ruf,
der von jenseits der Meere kam.

»Du hast mich betört, Herr,
und ich habe mich betören lassen«
bis an die Grenzen des Tages,
bis an die Schranke des Todes.

»Du hast mich betört, Herr,
und ich habe mich betören lassen«
in jedem Angesicht eines Armen
dich zu suchen.

»Du hast mich betört, Herr,
und ich habe mich betören lassen«
In einem ungleichen Kampf hast
du mich überwältigt, Herr,
und dein war der Sieg.

Durch einen ungleichen Wechsel
wurden wir betört, Herr,
und der Sieg wurde unser!

Dom Pedro Casaldáliga, Brasilien

5. Du, Herr, bist die Freude in meinem Leben

In den Tagen der Angst und der Einsamkeit,
bei schwierigen Übergängen und in Bedrängnis,
gibst du, Herr, mir Stärke.

Im Kampf für Wahrheit und Gerechtigkeit,
im Einsatz und in der Enttäuschung,
machst du, Herr, mich gewiß.

Wenn ich traurig bin oder wenn ich lache,
bei den alltäglichen Dingen und bei der Arbeit,
bist du, Herr, mein Begleiter.

Immer bist du, Herr,
die Freude in meinem Leben
und der Friede auf meinem Weg.

Brasilien

6. Du hast mein Flehen erhört
(Psalm des Befreiten)

Ich will dich preisen, Herr meiner Freude.
Ich will singen und deine Großtaten kundtun.

Zur Zeit der Verfolgung,
als ich um der Sache der Unterdrückten willen gefangen war,
der volksfeindlichen Soldateska preisgegeben,
der Verhöhnung und den Foltern,
dem Los der Gefangenen ausgesetzt,
da hast du, Herr, mein Flehen erhört.

Du hast Partei genommen und mich verteidigt,
hast mir Standhaftigkeit gegeben in der Prüfung,
Widerstandskraft gegen die Missetat der Feiglinge.
Das gereicht den Armen zur Einheit in der Gemeinde
und den Menschen lauterer Seele zur Solidarität.

Du hast deine Macht über mein Schicksal erwiesen,
indem du mich aus den Krallen der Polizei befreitest
und die Herren der Lage in Verwirrung brachtest,
deren Absicht nun gescheitert ist.
So geschieht es all denen,
die ihr Vertrauen auf das System
und auf die Macht der Waffen setzen.

Du bist aber stärker als alle Streitkräfte
samt ihren Hubschraubern und Handgranaten.
Ohne den Rückhalt deines Volkes
ist ihre Macht nur ein Schein.

Du, o Herr, bist die Befreiung,
du bist die Hoffnung der Schwachen,
du hast allein die Macht,
und ich werde dir ein Loblied singen,
deinen Namen auf ewig preisen.

Nicola Arbone, Brasilien

7. Alles spricht, dank dir, von dir

Alles, gar alles,
spricht mir, dank dir, von dir.
Wenn ich schreibe, verlange ich,
weißes Papier in deinen Händen zu sein,
worauf du schreiben kannst, was dir gefällt.
Wenn ich in einem Buch blättre,
hoffe ich zuversichtlich,
daß all diese Wörter nicht fruchtlos bleiben
und daß niemand schreibt,
der keine frohe Botschaft mitzuteilen hat.
Jeder meiner Schritte ruft mir in Erinnerung,
daß ich – wohin ich auch gehe –
immer zur Ewigkeit unterwegs bin.

Das Stimmengewirr der Leute,
das trockene Laub, das dem Boden entlangwirbelt,
die vorübergleitenden Wagen,
die überladenen Schaufenster,
der Verkehrspolizist,
der Karren des Milchmanns, der arme Bettler,
Treppe und Fahrstuhl,
Eisenbahnschienen und Wellentäler,
Rassehunde und Straßenköter,
die schwangere Frau, der Zeitungsverkäufer,
der Straßenkehrer, Kirche und Schule,
Büro und Fabrik,
die Straßen, die man verbreitert,
die Hügel, die man einebnet,
der Hinweg und der Rückweg,
der Schlüssel, womit ich die Türe öffne,
der Schlaf wie das Wachen:
alles, schlechterdings alles,
lenkt meine Gedanken auf dich.

Was soll ich dem Herrn schenken
für alles, was Er mir schenkt?

Dom Helder Camara, Brasilien

8. Gott hat uns reich gesegnet

Sprecher: Gütiger Vater, es ist in Wahrheit würdig und recht, dir dankbar zu sagen:
Kommentator: Weil du uns deinen Sohn, unseren Herrn Jesus Christus gesandt hast, um uns zu bekehren.
Alle: Herr, wir danken dir.
Kommentator: Weil Christus in uns lebt und uns durch die Kraft der Liebe zusammenhält.
Alle: Herr, wir danken dir.
Kommentator: Weil der Geist der Liebe uns den Mut gibt, die Ungerechtigkeit anzuklagen und für eine Welt der Brüderlichkeit zu kämpfen.
Alle: Herr, wir danken dir.
Kommentator: Weil die Hoffnung auf die vollkommene Erlösung uns in unseren Leiden Trost spendet.
Alle: Herr, wir danken dir.
Sprecher: Vater aller Güte, wir danken dir. Mit dir sind wir in einem einzigen Geiste vereint, sind Glieder eines einzigen Körpers, mit Jesus Christus, deinem geliebten Sohn.
Weil er gekommen ist, um uns ein Beispiel zu geben; er hat als einfacher Zimmermann gearbeitet und das Gottesreich verkündet; er hat sogar sein Leben hingegeben für die Rettung der Menschen. Er hat uns versprochen, den Heiligen Geist zu senden, damit wir alle zusammenarbeiten und das Werk der Erlösung der Welt fortführen und auf diese Weise den Menschen schon jetzt einen Teil der zukünftigen Herrlichkeit sichtbar machen. Deshalb singen wir dir Lob und Preis, gemeinsam mit den Engeln und Heiligen.
Laßt uns Gott, den Vater unseres Herrn Jesus Christus, lobpreisen; denn durch unsere Vereinigung mit seinem Sohne hat er uns reich gesegnet. Gott hat uns schon vor der Erschaffung der Welt in Christus auserwählt.
Durch seine Liebe hat er uns dazu bestimmt, wie seine Kinder und Brüder Christi aufgenommen zu werden.
Durch Gottes große Liebe hat Christus uns durch seinen Tod und seine Auferstehung erlöst. Gott hat uns seinen Plan wissen lassen, der getreu durchgeführt wird.
Wenn die Zeit gekommen ist, wird Gott unter Christi Herrschaft alle Dinge, die des Himmels und die der Erde, wiedervereinigen.

Der Heilige Geist gibt uns die Gewißheit, daß wir Gottes Erbe am Tag der Erlösung erhalten werden.
Deshalb wollen wir dich, Heiliger Vater, lobpreisen und ehren.
Alle: Durch Christus, mit ihm und in ihm, wird dir, Gott, allmächtiger Vater, in der Einheit des Heiligen Geistes, alle Ehre und Verherrlichung, von Ewigkeit zu Ewigkeit.

Honduras

---

9. Danken will ich dir

Ich will folgen einem Licht weit oben,
ich will hören eine Stimme, die mich ruft.
Ich geh' bis auf den Berg, da bin ich sehr nahe bei Gott,
da will ich beten.
Ich will schreien so laut, daß die Welt mich hören kann
und mich begleitet auf meinem Weg bergauf;
sie soll mir helfen, deutlich zu machen,
was mein Laut der Liebe und des Glaubens sagen will.
Ich will dort bitten, daß die Sterne nicht aufhören zu scheinen,
daß die Kinder nicht nachlassen mögen, fröhlich zu sein,
und daß die Menschen nie vergessen mögen, dankbar zu sein.
Deswegen sage ich: Danke, o Herr,
für jeden Tag, den ich von neuem erlebe!
Was wäre mein Leben ohne den Glauben an dich?
Selbst wenn ich leiden oder auch weinen muß,
kann ich die Zuversicht haben,
daß das mir den Weg zeigt, der zu dir führt, von neuem zu dir.
Für jeden Tag, für jeden Sonnenaufgang,
danke ich dir, danke, o Herr!
Deswegen sage ich: Für das Licht der Sterne, für das Glück im Lächeln, danke ich dir, danke, o Herr!
Und wiederum: Für den neuen Tag, für die Hoffnung,
danke ich dir, danke, o Herr!
Deswegen sage ich: Für das Lächeln der Menschen,
für die Versöhnung, danke ich dir, danke, o Herr, immer und ewig!

Roberto Carlos, Brasilien

10. Vorbereitung auf das Fest der freien Menschen

(Eucharistisches Hochgebet von San Cristóbal de las Casas)

Ja, Vater, wie sollen wir nicht danken
für die Erde, die du uns geschenkt hast!
Wir loben dich in Freude
wegen der hohen Berge und ihrer Bäume,
der strömenden Gewässer des Usumacinta und des Grijalva,
die Energie und Fruchtbarkeit verschenken,
wegen der Wälder, so prächtig belaubt,
mit herrlichen Baumstämmen,
wegen der ergiebigen Ebenen und der tropischen Fruchtbarkeit.

Wir preisen dich besonders
für dein Volk aus uraltem Stamme,
mit seiner reichen und immer bunter werdenden Tradition,
das du uns zu unserm Wegbegleiter machtest,
zum Nächsten, in dem wir dich erkennen.

Und wir preisen dich mehr noch deswegen,
weil dieses Volk, so würdig und mutig,
uns Lebensweisheit und Engagement beibringt
anhand der beispielhaften Kämpfe,
durch die es seine Geschichte geprägt hat,
unsere Geschichte – deine Heilsgeschichte.

Wir erinnern uns, Vater,
daß du in alten Zeiten dich treu erwiesen hast,
indem du dir grade ein Volk auserwähltest,
das durch den Pharao gedemütigt und unterdrückt war
bis auf's Blut.

Auch in unserm Volk,
einst unterjocht in Versklavung und Leibeigenschaft,
alsdann seiner ertragreichen Landschaft,
seiner Wälder und Bodenschätze beraubt,
heldenhaft kämpferisch im Aufstand,

opferbereit bis zum Tode in den blutigen Revolutionen,
auch in diesem Volk erkennen wir
die Auserwählten deines unermeßlichen Wohlwollens.

Wir loben dich, denn du bist der Vater
dieses mutigen, entfremdeten und unterdrückten Volkes.
Wir danken dir, weil du weiterhin
seinen Schrei erhörst:
– das Tzotzil-Seufzen,
– das Tojolabal-Wehklagen,
– das Lacandón-Lied,
– das Ch'ol-Klagelied,
– das Tzeltal-Gejammer
und die klangreiche, auf unserm Boden neu vertonte Stimme
des Castellano.
Es ist der Ausdruck eines Volkes, das nicht aufgibt
im Kampf um seine Würde und seine Freiheit.

In dieser klangvollen Poliphonie von Sprachen,
einer Vielfalt in Harmonie,
geschaffen im Alltag um die Veränderung der Erde,
erkennen wir das Konzert von morgen
– Pfingsten auf Erden –
und von allen Sprachen des Himmels und der Erde,
die dein Lob singen und dir zurufen:
»heilig, heilig, heilig …«
Ja, Vater, du bist in Wahrheit heilig,
denn du hast auf die Macht verzichtet,
indem du uns deinen Sohn gesandt hast
als Teilhaber unserer Leiden
und unserer harten alltäglichen Mühe.

Er ist arm zur Welt gekommen,
weit am Rande des Imperiums.
Er hat den Mißerfolg gekannt.
Er hat uns gelehrt, dich zu loben in seinem rauhen Dialekt
aus Galiläa.
Er hat uns seine Macht gezeigt,
indem er entschlossen den Machthabern des Tempels
und dem Statthalter des Kaisers trotzte,
um alle Unterdrückten zur Einheit zusammenzurufen:
die Ureinwohner von Galiläa und Samarien,

die Mischlinge und kulturell Angepaßten,
manipuliert von der römischen Macht,
aber auch die Offiziere, die dein Wort achteten
und deren Verhalten klar zum Ausdruck brachte,
daß sie an der Seite des erniedrigten Volkes standen.
Er setzte sich an unsern Tisch,
er lud alle Leute und alle Stämme Israels ein,
ein neues Brot zu teilen,
und, durch Erhebung eines Bechers sondergleichen,
mit lauter Stimme zu fordern,
daß Hunger und Blut verschwinden sollen
auf der ganzen Erde.

Als er verraten wurde
und freiwillig den Weg in seinen Tod gehen wollte,
nahm er das Brot, sagte Dank und brach es . . .

Beeindruckt durch diese Einfachheit, versammelt um den Tisch,
gedenken wir der Leidensgeschichte und des Todes
deines Sohnes,
unseres Freundes und Bruders.

Wir opfern dir dieses Brot
für den Hunger, der unsere Erde noch verwüstet,
für die Folterungen der Gefangenen,
für den nie bekanntgegebenen Tod der Entführten.

Wir verkünden gleichfalls seine Auferstehung,
indem wir diesen Kelch der Freude hochheben
zur Feier der siegreichen Kämpfe,
die unser Volk auf seinem langen Leidensweg durchgestanden hat
mit der unerschütterlichen Zuversicht,
daß wir dadurch eines Tages
eine gerechtere und brüderliche Gemeinschaft erreichen.

Indem wir den Tod des ganzen Christus begehen,
den Tod an den tausend Kreuzen inmitten unseres Volkes,
verkünden wir die Annäherung des Reiches
nach dem Evangelium,
geboren aus dem Lebenseinsatz und dem Grabe
als Samen der Zukunft

eines neuen Himmels und einer neuen Erde,
die wir aufbauen wollen
durch die Beteiligung an diesem Brot und diesem Wein.

Gerechter Vater,
sende uns den Geist Jesu,
damit wir alle, die wir dieses Brot teilen
und aus diesem Kelch trinken,
einig werden in der Forderung,
das Fest der freien Menschen vorzubereiten,
für die dein Sohn sein Leben hingegeben hat.

Das ist die Kommunion, nach der wir uns sehnen.
Wir erleben sie bereits rund um diesen Tisch,
in Gemeinschaft mit allen, die sich mit Jesus von Nazareth
identifizieren, indem sie am eigenen Leib
die Wundmale seines Todes tragen
und das Licht deines Wortes ausstrahlen,
durch die Glaubwürdigkeit
eines restlos sich aufopfernden Lebens.

Wir haben stets und gut in Erinnerung unseren Bischof Samuel,
denn er bringt eine echte Glaubensgemeinschaft zustande
unter den Bewohnern der Stadtviertel und Siedlungen,
der Dörfer und Weiler, die er unermüdlich besucht.
Aber auch alle engagierten Christen, die leiden und kämpfen
in der auf der ganzen Welt verbreiteten Kirche.
Ebenfalls den Papst (Paul), der unsere Einheit verkörpert
über unsere Grenzen hinaus.
Und wir vergessen deine Lieblinge nicht:
den Tagelöhner in tausenderlei Kummer,
den Campesino ohne Grundstück und Ernte,
den Arbeiter ohne Arbeitsstelle,
den Tischler ohne Holz,
die ihrer Würde beraubte Frau,
die erniedrigte und verlassene Frau,
den um der Gerechtigkeit und der Brüderlichkeit
willen Vorfolgten (Weitere Fürbitten)

Um dies Brot zu teilen und aus diesem Kelch zu trinken
begeben wir uns an die Seite jener Menschen,
die alles, was sie nur konnten, aufs Spiel gesetzt haben

zum Wohlergehen der Bevölkerung von Chiapas:
Frei Bartolomé de las Casas und mit ihm viele namenlose oder in Vergessenheit geratene Helden.
Auch jene, die totgeschwiegen und verachtet werden:
die Vorkämpfer von Chamula und Cancúc,
die hingerichtet wurden, weil sie für Chiapas
einen Eingeborenen als Retter erkoren.
Schließlich auch alle Menschen, die sich eingesetzt haben
um aus unserer Heimat
ein kleines Stück des Reiches deines Sohnes zu gestalten.

Bei dieser Kommunion,
versammelt allesamt um denselben Tisch,
mit Maria, Jungfrau und Mutter,
mit den Aposteln, den Märtyrern und Heiligen,
auf Einladung deines Sohnes,
erwarten wir, o Vater, die Auferstehung,
die kommen wird und bereits eingetreten ist
in die Geschichte.

Mexico

II Hilferufe aus der Tiefe

Gott
Der Du die Stärke der Schwachen und
Niedrigen bist
Erhöre das Klagegeschrei, das unser
Inneres verbrennt

Aus: Os Salmos da Vida, Brasilien

1. Befreie uns vom Joch

Christus, Christus Jesus · stell dich auf unsere Seite · Herr, Herr mein Gott · stell dich auf unsere Seite · Christus, Christus Jesus · solidarisiere dich · nicht mit den Unterdrückern · die unsere Gemeinschaft · aussaugen und verschlingen · sondern mit den Unterdrückten · mit meinem Volk · das nach Frieden dürstet.

Auf allen Straßen und Pfaden · erkenne ich, Jesus Christus, · das Licht deiner Wahrheit · du bist dreimal heilig · du bist dreimal gerecht · befreie uns von dem Joch · gib uns die Freiheit.

Nicaragua

2. Offener Brief an Jesus von Nazareth

Verzeih mir, daß ich an Dich schreibe.
Ganz sicher liegt Dir an mir nichts.
Ein unbedeutender Fall bin ich: Segundo Lopez Sanchez,
Zimmermann von Beruf, verheiratet und fünf Kinder.
Ich arbeite bei einer Baufirma und übernehme Gelegenheitsjobs.
Ich bin einer von Deinen Armen.
Was das angeht, so habe ich weder Kraft noch Geduld.
Herr, der Kampf ums Überleben ist groß
und der Schnaps reicht nicht aus.
Herr, es ist besser, wenn Du herabsteigst
und mit eigenen Augen alles ansiehst.
Ich bin nicht sehr gebildet, aber es heißt,
Du habest in Deiner Jugend denselben Beruf wie ich ausgeübt.
Ich weiß nicht, was es in jener Zeit bedeutete,
von seiner Arbeit zu leben und arm zu sein.
Heute dagegen ist es ein Wunder,
ein größeres als das der Brote und Fische,
wenn man überhaupt etwas auf den Tisch stellen
und teilen kann, damit alle ein bißchen bekommen;
Du kannst es ja selber erfahren:
Komm und arbeite als Zimmermann mit uns,
versuche mit dem Tageslohn auszukommen.
Du wirst Blut schwitzen, wie damals im Garten.
Geh auf die Straßen und beginne zu predigen,
wie Du es einstmals gegen die Pharisäer getan hast.
Wiederhole, was Du von den Reichen
und dem Nadelöhr gesagt hast.
Jage die Händler aus der Kirche,
und wir werden sehen, was passiert.
Wenn sie Dich nicht kreuzigen werden wie damals,
dann deswegen, weil heutzutage ein Wort genügt
und sie haben Dich zum Schweigen gebracht. Ist das nicht witzig?
Herr, komm und hilf uns, damit sie nicht sagen:
›Selbst Christus kann das Problem nicht lösen.‹
Von Arbeiter zu Arbeiter bitte ich Dich und unterschreibe:
Dein niedriger Gefolgsmann Segundo Lopez Sanchez.

Brasilien

3. Gebet eines Kleinbauern am Amazonas

Herr, ich bitte dich: schaffe uns Gerechtigkeit!
Laß nicht zu, daß unser Leid länger andauert.
Mach, daß der Gouverneur
vor allem den armseligen Brasilianern,
die praktisch keinen Schutz haben,
seine Hilfe zukommen lasse.
Verfüge, daß aus den Zentren der Zivilisation
gutgesinnte Leute kommen
und daß diese die Rechte der schlichten Bauern verteidigen,
die von den reichen Grundbesitzern unterdrückt werden.

Du weißt, Herr, daß unser einziges Ziel im Leben die Arbeit ist
und daß wir zur rechten Zeit pflanzen müssen
um die Ernte einholen zu können,
von der sich Tausende von brasilianischen Brüdern
ernähren sollen.

Herr, du weißt zu gut,
daß uns allzuoft das tägliche Brot fehlt.
Wir sind ein unterernährtes Volk.
Wir wohnen in Elendshütten.
Als wäre dies Elend nicht groß genug,
trifft uns noch der Haß der reichen Grundbesitzer.
Sie erwägen nicht, wie viel wir zu leiden haben,
wenn sie erbarmungslos unsere Behausung vernichten.
Mit der Waffe in der Hand bedrohen und zwingen sie uns,
unter freiem Himmel zu schlafen,
ohne warme Kleider
und fast täglich nur mit dem Hunger im Leib.

Du weißt, daß wir sehr oft Angst haben
in der Finsternis, im dunklen Urwald.
Aber wir knien vor dir, um dich um Schutz zu bitten.
Und wir danken dir auch, daß du uns das Leben gerettet hast,
als wir ermordet werden sollten durch die Mörder,
die diese dreckigen Grundbesitzer dafür gedungen hatten.
In Wirklichkeit sind sie eigentlich Eindringlinge,

die auf Verbrechen ihr Recht aufbauen.
Gewissenlos wie sie sind,
suchen sie auf Kosten der ungebildeten Kleinbauern
noch reicher zu werden.

Aber du, o Herr, bist unser Richter und Rechtsanwalt.
Du wirst unsere Verteidigung übernehmen.
Laß nicht zu, daß unsere Kinder dem Haß verfallen,
wo sie so viel Greuel im Leben zu spüren bekommen.

Mach du, daß diese schlechten Erfahrungen
ihnen nicht im Wege stehen,
um morgen würdige und ehrliche Menschen zu werden,
Menschen, die stolz sind,
in einem »freien Land von freien Brüdern« leben zu können.

Herr, ich bitte dich ferner:
gib Schutz und Trost den armen Frauen,
die ihren Mann verloren haben,
und den kleinen Kindern, die ohne Vater geblieben sind.
Diesen Männern lag es nur daran,
ein kleines Stück Land zu bebauen,
um ihren Lieben ein Zuhause zu ermöglichen.
Sie haben ihr Leben riskiert und wurden dann ermordet:
die Mörder wurden dafür bezahlt von Großgrundbesitzern
mit noch größeren Projekten.

Nimm du unser Schicksal in deine Hände.
Wir vertrauen dir, und so hoffen wir,
daß unsere Not, unser Leiden, unsere Armut und unser Hunger
sehr bald ein Ende haben werden.

Wir hoffen, daß wir das große Glück erleben werden,
den wahren Frieden und die Liebe feiern zu können.
So sind wir auch sicher, daß wir in der Lage sein werden,
unsern Kindern aus der Not zu helfen.

Maria Barbosa Garcez, Brasilien

4. Man nennt uns die Elenden der Erde

(Psalm der Armen und Geringen)

Gott,
der du die Stärke der Schwachen und Niedrigen bist,
erhöre das Klagegeschrei, das unser Inneres verbrennt.

Man nennt uns die Elenden der Erde.
Es ist wahrhaftig hart, nur mit zwei Händen leben zu müssen,
wenn uns zahllose Ausbeuter bedrängen.

Wir leben in Hütten aus Lehm und Brettern.
Wenn es regnet, fließen Tränen aus den Augen unserer Kinder.
Wenn es kalt ist, zittern unsere Glieder.
Als Ruhestatt haben wir drei Stühle.
Und das ›Heim‹ besteht aus einem Raum.

Unsere Kinder wachsen nackt auf,
nicht allein äußerlich.
Sie sind es, die an den Markttagen auf den Märkten stehlen.
Alle verurteilen und verachten uns.
Wir müssen den tiefen Haß in uns hineinfressen,
um nicht zu explodieren.

Alle Tage essen wir Reis und schwarze Bohnen,
essen alle von einem Teller, bis er leer ist.
Unser Arbeitsplatz liegt zwei Stunden weit entfernt.
Darum stehen wir um 4 Uhr früh auf.

Sie beuten uns aus wie hungrige Hunde.
Unseren vollgefressenen Herren gelten wir nicht als Menschen.
Schon denken wir über uns wie sie,
so daß wir jede Hoffnung zu verlieren beginnen.

Einmal in der Woche vergessen wir diese Leiden
für zwei Stunden:
am Samstag, wenn wir uns von dem Schweiß
unserer Stirn betrinken.

In der Kirche heiraten wir nicht.
Denn da sind wir nicht vertreten
und zu ihr haben wir keinen Zutritt.
Doch leben wir mit der Frau, die wir lieben,
und sind treu im Leiden wie in den Träumen.

Wir begeistern uns für Flamengo,
denn es soll die Fußball-Mannschaft des Volkes sein.
Und uns selbst nennen sie ›Volk‹.
Und so leben wir,
bis wir in irgendeiner Ecke irgendwann sterben.

Zu dir, Gott der Freiheit und der Kompromißlosigkeit
schicken wir unser Klagegeschrei.
Es muß uns jemand hören,
und niemand kann es besser als du.

Du hast in der Vergangenheit
dein Volk aus einer Unterdrückung befreit,
die der unsrigen vergleichbar war.

Gib, daß unter uns einer aufsteht
und in deinem Namen
uns Orientierung gibt.

Laß dies für uns geschehen,
wir flehen dich an mit den Stimmen leidender Menschen.
Denn sie können uns alles rauben, selbst das Leben,
doch niemand wird uns das Herz der Armen rauben,
pervertieren oder täuschen,
das zu bitten versteht, ohne sich zu schämen.

Brasilien

5. Fürbitten der Basisgemeinden in Contagem

– Um das Recht uns zu versammeln und um freie Vereine gründen zu dürfen bitten wir den Herrn.
– Um freie und unabhängige Gewerkschaften bitten wir den Herrn.
– Um direkte Tarifverhandlungen mit Arbeitgebern zu führen, um einen gerechten Lohn bitten wir den Herrn.
– Um einen Mindestlohn, von dem jeder leben kann, bitten wir den Herrn.
– Um einen 8-Stunden-Arbeitstag, den unsere Freunde am 1. Mai 1886 bereits forderten, bitten wir den Herrn.
– Um die dringendsten Verbesserungen in unserer reichen Stadt, wie Kanalisation, Trinkwasser, Licht, Straßen und Müllabfuhr, bitten wir den Herrn.
– Um eine Schule für unsere Kinder bitten wir den Herrn.
– Um menschliche Lebenssituationen für Slumbewohner, Kranke und alte Menschen bitten wir den Herrn.
– Um unsere Forderungen stellen zu können, auch – wenn nötig durch Arbeiterstreiks – bitten wir den Herrn.
– Um unserem Volk, ängstlich durch allerart Bedrohungen, die Möglichkeit zu bieten, Gerechtigkeit, Güte und Kraft zu üben, bitten wir den Herrn.

Brasilien

6. Fürbitten vor der Wahl

In diesem Jahr, in dem das brasilianische Volk seine politischen Vertreter wählen wird, lasset uns beten:
– daß Kandidaten und Wähler zuerst denen unter unseren Brüdern dienen wollen, die bedürftig sind und leiden;
– daß alle Christen in Freiheit und Verantwortung an den nächsten Wahlen teilnehmen können;
– daß kein Christ seine Stimme für einen Gunsterweis verkauft;
– daß niemals Lüge, Haß und Gewalt gebraucht werden, um den Gegner fertigzumachen;
– daß bei den Versammlungen mit mehr Mut über die Agrarreform, die Einkommensgesetzgebung, die Zukunft der Jugend, die hohe Zahl der Analphabeten, die armen Kinder, die bald nach der Geburt sterben, gesprochen wird.
Lasset uns zum Herrn rufen: Herr, erhöre unser Gebet.
– Von Seuchen, Hunger und Krieg, befreie uns, Herr.
– Von Wählern, die sich für dumm verkaufen lassen, befreie uns, Herr.
– Von den Gemeinden ohne Schule und Bauern ohne Land, befreie uns, Herr.
– Von den »dekorativen« Marktplätzen in den Wohnvierteln ohne Licht und Wasser, befreie uns, Herr.
– Von den Kandidaten, die zerlumpte und hungrige Einwohner zwingen, ihnen die Stimme zu geben, befreie uns, Herr.
– Von der Furcht, eine ungültige Stimme abzugeben, wenn kein ehrlicher Kandidat sich vorgestellt hat, befreie uns, Herr.

Fredy Kunz, Brasilien

7. Denn die Parteien machen nicht frei
Psalm 11 (12)

Befreie du uns,
denn ihre Parteien machen nicht frei.

Sie betrügen einander,
einer beutet den anderen aus.
Ihre Lügen werden von tausend Radios wiederholt,
alle Zeitungen drucken ihre Verleumdungen nach.
Ganze Büros sind damit beschäftigt,
Lügen zu fabrizieren.

Sie sagen:
    »Mit uns die Propaganda!
    Durch sie werden wir herrschen!«
Aber der Herr spricht:
    »Um der Unterdrückten willen
    und weil die Ausgebeuteten klagen,
    werde ich mich erheben;
    weil sie seufzen,
    werde ich ihnen die Freiheit schaffen.«

Überall drohen ihre militärischen Anlagen,
umzingeln uns ihre Maschinengewehre und Panzerwagen.
Mit Orden behängte Mörder beleidigen uns,
und alle machen mit, die sich in ihren Klubs zutrinken.
Während wir in unseren Hütten weinen,
verbringen sie ihr Leben auf Cocktailparties.

Ernesto Cardenal, Nicaragua

8. Du bist die Hoffnung der Schwachen
(Psalm des Gefangenen)

Ich rufe zu dir, o Herr, in der Zeit der Verfolgung.
Höre mich an, Gott der Gerechtigkeit,
rette mich von meinen Feinden!
Als subversiv wurde ich von den Sicherheitskräften entführt.
Aus der Mitte des Volkes haben sie mich entrissen,
Terror in meinem Dorf hinterlassen
unter Frauen und Kindern,
die durch die Gewalt der Feiglinge
in Schrecken gesetzt wurden.
Mit den Staatsterroristen bin ich verschwunden,
auf einer irrsinnigen Fahrt.
Drohungen und Demütigungen, Schläge und Verhöre,
hingeworfen unter zusammengepreßte Gefangene.
Dann die Isolierhaft in geheimen Lagern,
fern vom Volk und von den Freunden.
Ohne Anhaltspunkt in Zeit und Raum,
einem unbekannten Schicksal überlassen.
Wie eine Karikatur des Menschen kam ich mir vor,
als sie mir die Augen verbanden und die Kleider herunterrissen
unter Spott und Fluch,
schutzlos den Übeltätern ausgeliefert.
Wie eine Zielscheibe,
heimtückischen Faustschlägen ausgesetzt.
Bei Tageseinbruch, vom ersten Tag an,
ließen sie das Maschinengewehr donnern,
um Hinrichtungen vorzutäuschen,
damit ich die Verbrechen gestehe,
die mir meine Feinde erfanden.
Meiner Menschenwürde beraubt,
blieb mir der Tod als bester Freund.
In diesen Stunden der Prüfung, o Herr,
war ich aber nicht allein.
Ich fühlte deine Anwesenheit, denn du warst meine Kraft.
Du bist meine Hoffnung.
Du bist meine Befreiung.

Nicola Arbone, Brasilien

9. Kelch

Herr, nimm diesen Kelch von mir,
voll mit blutrotem Wein.
Wie kann ich vom bitteren Trank kosten,
hinunterstürzen den Schmerz,
den harten Kampf hinunterschlucken.
Wenn auch der Mund schweigt,
bleibt doch der Körper.
Schweigen der Stadt – unhörbar.
Was nützt es mir, Sohn einer Heiligen zu sein?
Besser wäre es,
Sohn der anderen,
lebendigeren Wirklichkeit zu sein.
Soviel Lüge, soviel brutale Gewalt.
Wie schwer ist es, schweigend aufzuwachen,
wenn ich im Schweigen der Nacht zugrunde gehe.
Ich will einen unmenschlichen Schrei ausstoßen,
denn nur so werde ich gehört.
Diese Stille verwirrt mich.
Verwirrt verharre ich,
wachsam auf den hintersten Rängen,
um doch irgendwann
das Monstrum aus dem See auftauchen zu sehen.
Es ist gefräßig, überfressen, es kommt nicht vorwärts.
Verbrauchte Klingen schneiden nicht.
Wie schwer ist es, Herr, die Tür zu öffnen.
Dieses Gerede schnürt mir die Kehle zu,
ich schwanke trunken umher in der Welt.
Was nutzt es, guten Willen aufzubringen?
Wenn auch der Körper tot ist, bleibt doch der Geist
der Trunkenen im Dunkel der Stadt.
Vielleicht ist die Welt doch nicht zu klein,
vielleicht ist das Leben doch noch offen.
Herr, nimm diesen Kelch von mir.
Herr, erlöse mich von diesem »Schweig!«.
Herr, nimm diesen Kelch von mir,
voll mit blutrotem Wein.

Chico Buarque, Brasilien

10. Gebet für alle

Eine Minute Schweigen,
und danach sage ich euch, wem sie gilt.
Oder wäre eine Minute Protest besser?
Sie gilt nicht den Toten
noch der ermordeten Unschuld.
Sie gilt den Lebenden,
die doch umsonst sterben.
Denen, die leiden und deren Schmerz keine Zukunft hat.
Denen, die arbeiten und dennoch Hunger schieben.
Denen, die in Gefängnissen und Fabriken
sich nach einem Sonnenstrahl der Freiheit sehnen.
Dem Einsamen, der in der Menge
vergeblich nach einem Freund sucht.
Den Heimatlosen,
den Notleidenden,
den Besitzlosen,
die im eigenen Vaterland die Heimat suchen.
Denen, die kein Dach über dem Kopf haben
und die tagtäglich bang darauf hoffen,
daß die Sonne für alle scheint.
Denen, die nichts besitzen,
nicht einmal einen Meter Erde für ihr Grab.
Denen, die im Traum ein liebes Gesicht sehen
und die beim Erwachen der Haß,
die Raffsucht
und der Schwarzmarkt der Seelen erwartet.
Denen, die Angst vor dem Leben haben;
und diese Angst macht sie zu Feiglingen,
tötet in ihren Herzen
Mut, Aufrichtigkeit und Hoffnung.
Denen, die hassen und töten und nicht wissen,
warum sie es tun,
und in ihrem brutalen Vorgehen
zittert eine schwache Sehnsucht
nach der Liebe zwischen den Menschen.
Der armseligen Nutte, ein ums andere Mal
von Pharisäern
mit Steinen beworfen.

Den Gedemütigten, deren einzige Würde
in der kalten Klinge ihrer Dolche aufzuckt.
Den Atomwissenschaftlern,
die die tötliche Formel im chemischen Labor entdecken
und die in Hochstimmung
den Sieg des Geistes feiern.

Kurzum ... ein Gebet für alle:
für dich, für mich,
damit die Tyrannei des Kreuzes
und des Kerkers ein Ende finde,
und damit wir in diesem Leben
jene Glückseligkeit genießen,
die man uns für das nächste Leben verspricht.

Gonzalo Anrango, Argentinien

11. Öffne den Mund deiner Kirche

Es gibt stumme Christen, die, solange sie selbst davon nicht betroffen sind, alles tatenlos hinnehmen, selbst wenn sich die Welt selbst zerstört.
Sie treten nicht auf gegen Ungerechtigkeiten, weil sie dem Staat sklavisch untergeordnet bleiben aufgrund einer Verfolgung oder eines Kompromisses, gekauft durch Angst oder Opportunismus.
Andere protestieren nicht, weil sie vielleicht nichts zu sagen haben. Für sie ist der Glaube eine Angelegenheit im luftleeren Raum, ein Glaube, der nichts zu tun hat mit dem Leben und nur wolkenaufwärts eine Bedeutung hat.
Wir bitten dich, o Herr, für die stummen Christen: dein Wort möge ihr Inneres in Flammen setzen und ihnen diese Mauer überwinden helfen, damit sie nicht mehr schweigen, als hätten sie nicht auch ein Wort zu sagen.
Du weißt, was für deine Kirche am besten ist, ob es der Eifer in den Katakomben oder die Routine unter dem Schutz des Staates sein soll. Schenke ihr, was ihr wohltut, selbst wenn es Kerker und Armut sind.
Befreie uns vom Schweigen der Verstockung und vom Schweigen angesichts der sozialen Ungerechtigkeit; befreie uns vom Schweigen der Besonnenheit, in dem wir uns nie engagieren wollen.
Wir haben sogar dein Evangelium entschärft; jetzt ist es nicht mehr kantig und macht auch niemanden bestürzt. Wir wollten ja der Überzeugung bleiben, daß man sowohl dir als auch dem Geld dienen kann.
Herr, befreie deine Kirche von allen Gepflogenheiten dieser Welt. Sie soll nicht der Gesellschaft gleichen mit ihren Machthabern, ihren Aktionären, ihren Privilegien, ihren Funktionären und ihrer Bürokratie.
Nie soll deine Kirche eine Kirche des Schweigens sein, denn sie ist die Trägerin deines Wortes, die in aller Freiheit, ohne Zurückhaltung und Feigheit dieses Wort verkünden soll. Nie soll sie schweigen, weder vor den weißen Handschuhen noch vor dem Stacheldraht.

Luis Espinal, Bolivien

12. Meditation in einer Stadt

Herr, verzeih mir,
daß ich mich daran gewöhnt habe,
die Kinder, die 8 Jahre alt sind, als Dreizehnjährige anzusehen.

Herr, verzeih mir,
daß ich mich daran gewöhnt habe,
zum Slum zu gehen; ich kann wieder weggehen, sie aber nicht.

Herr, verzeih mir,
daß ich mich an den Gestank der Abwässer gewöhnt habe,
von denen ich mich entfernen kann, sie aber nicht.

Herr, verzeih mir,
daß ich Licht anmachen kann,
diejenigen aber, die das nicht machen können, vergesse.

Herr,
ich kann einen Hungerstreik machen, aber sie nicht.
Denn hungernd kann keiner einen Hungerstreik machen.

Herr, verzeih mir,
daß ich ihnen sagen muß, der Mensch lebt nicht allein vom Brote,
aber nicht alles daran setze, daß sie ihr tägliches Brot bekommen.

Herr,
ich will sie lieben, aber nicht für mich.
Hilf mir.

Herr,
ich träume davon, für sie zu sterben.
Hilf mir aber, für sie zu leben.

Herr,
ich will bei ihnen sein, wenn die Stunde des Lichts kommt.
Hilf mir.

Carlos Mugica, Argentinien

13. Gebet in der Straßenbahn

Guter Genosse Jesus,
Freund, wie der Tag so groß und weise:
wenn du willst,
werde ich meine kleinen täglichen Freuden opfern.
Nur mach, daß diese Frau,
die mit mir in der Straßenbahn fährt,
wenn sie zu Hause ankommt,
ihr krankes und vaterloses Kind ein bißchen besser antrifft.

So groß ist ihr Kummer,
ihre Unruhe,
daß wir alle
an ihrem Schmerz teilnehmen mußten.
Unerbittlich erzählte sie jedem
ihre traurige, simple Geschichte
und ihre Stimme langweilt uns alle.

Nimm mir heute das erste Liebeswort,
das mich zu Hause erwartet.
Den bequemen Sessel. Das alte Buch.
Das Bad im lauen, weiblichen Wasser.
Die Erdbeeren mit Milch und Zucker.

Nimm mir heute der Freunde freundlichen Gruß.
Die Genugtuung nach getaner Arbeit.
Die Langeweile des anspruchslosen, gewöhnlichen Glücks.
Nimm mir, wenn du willst
einen vollen Tag des gebahnten Weges.

Nur gib dieser armen Frau,
auf deren schmutziger Wange
Tränen nicht unsichtbar bleiben können,
das strahlende Morgenlicht eines lächelnden Kindes
wenn sie zu Hause ankommt.

Antonio Arraiz, Venezuela

14. Gebet der »Christlichen Bruderschaft der Kranken«

Herr, wir bitten nicht,
daß du uns das Augenlicht zurückgeben möchtest;
wir bitten dich vielmehr,
öffne unserer Gesellschaft die Augen,
damit sie die wahren Werte
wie Gerechtigkeit, Liebe und Frieden erkenne.

Wir bitten dich nicht,
daß du uns unsere Beine zurückgeben möchtest;
doch bitten wir dich:
bring unsere Brüder auf den Weg.

Wir bitten dich nicht,
daß du uns unsere Hände zurückgeben möchtest;
wir bitten dich aber:
lehre uns alle,
daß im Geben die Freude größer ist
als im Empfangen;
daß Brüderlichkeit darin besteht,
mit andern alles zu teilen,
wie du es mit uns getan hast.

Wir bitten dich nicht,
daß du uns von unserer Tragbahre aufheben möchtest;
doch bitten wir dich um die Kraft,
jene Menschen wieder ermutigen zu können,
die ihre Arme fallen ließen
und an dein Licht nicht mehr glauben.

Peru

15. Gebet um ein waches Gewissen

Stimmt es, daß du den Regenbogen
als Zeichen des Friedens
und der Verbindung zu den Menschen
verstanden hast?
Dann schaffe am Himmel
ein solch mächtiges Zeichen,
daß es das Gewissen der Völker
erschüttert
und sie dahin führt,
den offensichtlichen Irrsinn der Kriege
und der Mißbildung
einer winzigen Welt der Reichen zu sehen,
die umschlossen und durchdrungen
von den Wassern des Elends ist.
Selbst du,
mit deinem unwiderstehlichen Blick
unendlicher Güte,
hast nicht vermocht,
das Herz des reichen Jünglings
zu bewegen.
Und dabei hatte er
von Kindheit an
all deine Gebote
befolgt.
Herr, mein Herr,
laß nicht zu, daß wir
aus falscher Liebe
die schrecklichen Wahrheiten
verharmlosen,
die du den Reichen gesagt hast.

Dom Helder Camara, Brasilien

16. Gebet für die Reichen

Du weißt Herr,
heute gibt es nicht nur den Unterschied zwischen
reichen und armen einzelnen.
Es gibt reiche, ja überreiche Länder, und es gibt arme Länder.
Du weißt: Dieser Unterschied wird nicht kleiner,
sondern immer größer.

Hilf den Menschen guten Willens – aus allen Ländern, Rassen, Sprachen und Religionen –, durch befreienden moralischen Druck das Bewußtsein der Verantwortlichen zu wecken, damit sie der Menschheit helfen, frei zu werden vom Makel der Untermenschen, die das Elend erzeugt; vom Makel der Übermenschen, geboren aus Überwohlstand und Luxus.

Hilf jenen,
die das Glück hatten, in reichen Ländern geboren zu werden;
verhilf ihnen zur Einsicht, daß die Privilegien,
die sie genießen, mit Unrecht gegen die armen Länder erkauft sind.
Oft werden sie zu Komplizen dieses Unrechts,
ohne es zu merken.

Hast du schon bemerkt,
Herr, wie sehr – in den entwickelten und in
den armen Ländern – Minderheiten
zahlreicher werden, die wie Abraham
gegen alle Hoffnung hoffen?
Sie sind entschlossen, eine menschlichere und gerechtere Welt zubauen.
Tröstlich ist es zu sehen, wie sie friedliche, aber kühne Taten in Angriff nehmen,
die mehr und mehr die Strukturen der Unterdrückung
erschüttern werden.

Dom Helder Camara, Brasilien

17. Gebet für die Opfer der Ungerechtigkeit

Vater!
Wie sollte ich in meinem Gebet
nicht an die gesamte Menschheit denken,
da doch dein göttlicher Sohn,
unser Bruder Jesus Christus
sein Blut vergossen hat
für alle Menschen
aller Länder, aller Zeiten?
Doch erlaube mir, Herr,
ein besonderes Gebetsgedenken
für mein Volk,
die Welt ohne Stimme.
Es gibt Tausende und Abertausende
von menschlichen Geschöpfen –
in den armen Ländern
und in den armen Gebieten der reichen Länder –
ohne Recht, ihre Stimme zu erheben,
ohne Möglichkeit, sich zu beklagen, zu protestieren,
wie gerecht auch immer die Rechte seien,
die sie zu verteidigen haben.

Die Unbehausten, die ohne Essen,
die ohne Kleider, die ohne Gesundheit,
die ohne ein Minimum von Erziehungsmöglichkeit,
die Arbeitslosen, die Zukunftslosen,
die Hoffnungslosen.
Sie laufen Gefahr,
in Fatalismus zu verfallen,
sie verlieren den Mut,
sie verlieren die Stimme,
sie werden zu Menschen, der Stimme beraubt.

Wenn wir alle, die an dich glauben,
unseren reichen Brüdern, den Privilegierten,
geholfen hätten,
indem wir ihnen die Augen geöffnet,
ihr Gewissen aufgerüttelt hätten,
wären die Ungerechtigkeiten nicht so weit fortgeschritten,

wäre der Abstand zwischen Arm und Reich
nicht so himmelschreiend,
nicht nur zwischen Einzelnen und Gruppen,
sondern auch zwischen Ländern
und selbst zwischen Kontinenten.

Bewirke, Herr,
das, was wir nicht zu tun verstanden
und was wir nicht zu tun verstehen.
Wie schwer ist es, über die Schranken
die Hilfsaktionen, der Geschenke, der Fürsorge
hinauszugehen und vorzudringen zum Gebiet
der Gerechtigkeit!
Die Privilegierten sind gereizt
und glauben sich schlecht beurteilt,
sie entdecken Subversion und Kommunismus
im demokratischsten, im menschlichsten,
im christlichsten Verhalten!

Dom Helder Camara, Brasilien

18. Die große Versuchung

Und führe uns nicht in Versuchung
Erlaube nicht Herr
Daß dein Buchstabe uns tötet
Erneure jedes Wort
Mit jedem Menschen der neu geboren wird.
Erlaube nicht Herr
Daß der Haß des Henkers
Uns Mauern des Todes aufrichten läßt.
Erlaube auch das nicht
Daß der Überdruß an den Lichtreklamen
Uns unsere Zähne verdirbt
Und unsere Herzen.

Erlaube nicht Herr daß der Gestank der Heuchler
Uns dein Haus noch verwünschen läßt
Das doch uns gehört
Jedesmal wenn wir zusammenkommen
(Dich erinnernd oder nicht).
Nicht erlaube mein Herr
Daß wir herabsteigen von der Schneide des Messers
Die scharf ist und in die Höhe zeigt
Um den Rücken zu drehen und Eignes zu planen.
Erlaube nicht daß unsere Stimme
Sich in leichter Freundschaft verschleißt
Lieber der einsame Pfad
Die Treue zum Wort.
Beschütze uns Herr mit deiner roten
Dornigen hohen Rose
Die da ist im Innern
Für immer.
Erlöse uns von dem Bösen.

Rafael Squirru, Argentinien

---

19. Ein lateinamerikanisches Vaterunser

Vater unser der du bist im Himmel
mit den Schwalben mit Raketen
ich möchte daß du nochmals kommst eh du vergessen hast
wie man den Süden des Rio Grande erreicht

Vater unser der du bist im Exil
fast nie erinnerst du dich der Meinen
wer immer du seist und wo du auch bist
geheiligt werde dein Name
nicht aber der Name derer die deinen Namen heiligen
indem sie die Augen schließen um nicht die schmutzigen
Nägel des Elends sehen zu müssen

tausendneunhundertsechzig im Monat August
lohnt es sich fast schon nicht mehr
daß dein Reich zu uns komme
weil dein Reich schon hier unten ist
in Zorn und in Angst versteckt
in Apathie und in Schmutz
in Enttäuschung und Müdigkeit
in dieser Sehnsucht dich trotz allem zu schauen

als du vom Reichen sprachst
von der Nadel und vom Kamel und wir alle dich wählten
einstimmig und für die Ewigkeit
erhob auch der schweigende Indio seine Hand
der dich zwar respektierte aber dir widerstand
weil er sich über deinen Willen Gedanken machte
jedenfalls ab und zu mischt sich dein Wille mit meinem
beherrscht
entzündet
verdoppelt ihn
schwierig wirds dann zu erkennen welches mein Wille ist
wenn ich aufrichtig glaube was ich zu glauben behaupte
wie in deiner Allgegenwart also in meiner Einsamkeit
wie auf Erden also im Himmel
doch immer werde ich der Erde gewisser sein auf der ich gehe
als des vortrefflichen Himmels der mich kennt

aber wer weiß
ich werde nicht zu entscheiden haben
daß deine Macht sein oder nicht sein soll
dein Wille wird auf immer die gleiche Art gemacht
im Wind
im Schnee der Anden
im Vogel der seine Gefährtin befruchtet
in den Außenministern die »Yes Sir« murmeln
in jeder Hand die zur Faust wird
natürlich weiß ich nicht sicher ob die Art mir gefällt
die dein Wille gewählt hat damit es also geschehe
ich sage es mit Respektlosigkeit und mit Dank
zwei Sinnfiguren die bald ein und dasselbe sein werden
ich sage es besonders im Gedanken
an das tägliche Brot an das Brot jedes Stücklein Tags
gestern nahmst du es uns

gib es uns heute
oder doch das Recht unser Brot zu haben
nicht jenes nur das ein Symbol von etwas
sondern die Krume die Rinde
unser Brot
weil uns nur wenige Hoffnungen
wenige Schulden bleiben
vergib uns wenn möglich unsere Schulden
aber vergib uns die Hoffnung nicht
vergib uns unsere Guthaben nie

spätestens morgen
werden wir die Bankrotten kassieren
berührbare und lächelnde Straßenräuber
jene die Krallen haben um die Harfe zu schlagen
und ein panamerikanisches Zittern mit dem sie sich
den letzten Speichel abwischen der an ihrem Gesicht hängt

es ist nicht wichtig daß uns unsere Gläubiger vergeben
so wie wir
einst
aus Versehen
unseren Schuldnern vergaben

noch immer
sind sie uns ungefähr ein Jahrhundert
Schlaflosigkeit und Knüppel
etwa dreitausend Kilometer von Schimpfwörtern
und zwanzig Auszeichnungen für Somoza
sowie ein ganzes totes Guatemala schuldig

führe uns nicht in Versuchung
zu vergessen oder diese Vergangenheit zu verkaufen
oder einen Hektar nur des Vergessenen zu verpachten
jetzt wo die Stunde da ist zu erkennen wer wir sind
und sie den Fluß überqueren müssen
des Dollars und ihrer zinstragenden Liebe
reiß uns den letzten Bettler aus unserer Seele
und erlöse uns von dem Bösen des Gewissens
Amen.

Mario Benedetti, Uruguay

20. Dein Wille, der Liebe ist, geschehe auf dieser Erde

Vater unser
Vater aller Menschen, die wir
Brüder sind.
Hilf, daß dein wirklicher Name, der
Liebe heißt,
uns allen vertraut werde.
Hilf, daß unter uns das Reich der
Gerechtigkeit und Liebe erschaffen werde,
das einige den
vollendeten Sozialismus nennen.
Dein Wille, der Liebe ist,
der sich im Kosmos vollzieht,
geschehe auch auf der Erde.
Hilf, daß alle Menschen auf dieser Erde
gesättigt werden.
Wir bitten dich, vergiß unsere Lieblosigkeit,
damit wir uns unsere Lieblosigkeiten verzeihen.
Auf daß wir nicht in die Versuchung kommen,
zur Vergangenheit zurückzukehren,
zu Entwicklungsstufen, die wir schon
überwunden haben.
Und befreie uns vom Übel aller
Unterdrückung.
Amen.

Ernesto Cardenal, Nicaragua

21. Vaterunser aus Guatemala

Vater unser –
Vater der hundertneunzehn ermordeten Bauern in Panzos,
ihrer Witwen und Waisen;
Vater jener fünfunddreißig Bauern von Ixcan, die am 7. Juni 1975
von Fallschirmjägern entführt wurden und nie wieder kamen;
Vater der fünfundzwanzig Bauern von Olopa,
die von Ordnungshütern niedergeschossen wurden
und deren Leichen man Hunden zum Fraß vorwarf;
Vater ihrer Witwen und Waisen;
Vater der Rosa C., die alleinblieb mit ihren sechs Kindern,
nachdem ihr Mann entführt war
und später auch ihre Söhne von 19 und 21 Jahren verlor,
die nachforschten, wo ihr Vater war;
Vater aller Gefolterten, aller Verängstigten,
aller, die entfliehen konnten in die Berge,
in Höhlen, in die Wälder und nicht zurückkommen können zu
ihren Frauen und Kindern wegen der Repressionen des
militärischen Terrors;
Vater aller Arbeiter, die polizeilich verfolgt werden
wegen des Vergehens, gerechten Lohn zu erbitten;
Vater aller Verschollenen,
aller Eingekerkerten, aller Exilanten;
Vater unser, der du bist unter den Millionen hungernden
Menschen
in den Völkern der »Dritten Welt«;
Vater unser, der du bist im Leben aller Menschen,
die Gerechtigkeit suchen, weil sie ihre Brüder lieben
und dir, Vater, dienen, indem sie denen dienen,
zusammen mit denen kämpfen, die kein Dach über dem Kopf
haben, kein Essen, keine Kleidung, keine Medizin;
Vater unser, der du bist hier auf der Erde
und dessen Name geheiligt wird durch unwürdige Pastoren,
die schweigen zum Unrecht oder gar zusammenarbeiten mit
jenen,
die dein Bild fortwährend zerstören
in den verarmten, ausgebeuteten und verfolgten Brüdern,
weil ihr Gott nicht du bist, sondern ihr Kapital.

Vater unser im Himmel, dein Name werde geheiligt.
Dein Name wird entheiligt, wenn man dich begreift als »kleinen Gott«,
der sich einspannen läßt in die Gesetze der nationalen Sicherheit,
die nicht gilt für die Armen und die den Tyrannen Macht gibt.
Dein Name wird entheiligt, wenn man sagt,
du bist ein antikommunistisches Göttchen,
das Flugzeuge braucht und Panzer, um die Völker niederzuhalten,
die endlich ihre eigenen Geschicke schmieden wollen,
weil sie im tiefsten Grunde ersehnen, daß dein Reich komme.
Dein Name wird entheiligt, wenn Millionen von Frauen
sterilisiert werden unter der Ankündigung,
so für die Menschen der Zukunft eine bequemere Welt zu schaffen.
Dein Name wird entheiligt, wenn der Hunger nach Gerechtigkeit
in der »Dritten Welt« erstickt wird mit Geschenken,
die übrigbleiben vom Überfluß der anderen Welten.
Vater unser, dein Name werde geheiligt in allen,
die das Leben der Armen verteidigen gegen das Geld,
den Kaffee, die Baumwolle, das Zuckerrohr, die politischen Parteien,
die kirchlichen Strukturen, die übernationalen Unternehmen
und alle diese lebensfeindlichen Interessen.
Dein Name wird geheiligt, in den Armen und Bescheidenen,
die immer noch Glauben haben und Hoffnung in dich setzen
und sich darum zusammentun und darum kämpfen,
daß ihre Menschenwürde respektiert wird.
Dein Name wird geheiligt in allen,
die Tag und Nacht arbeiten,
um ihre Brüder aus Analphabetentum, Krankheit,
Ausbeutung und Verfolgung zu retten.
Dein Name wird geheiligt im Tod
deiner heiligen Märtyrer Guatemalas Hermógenes López,
Mario López, Mario Mujia, Mario López Lavarrave
und in den Tausend deiner Kinder, die wegen der Liebe
zu ihren Brüdern und Achtung vor dem Leben der Armen
gefoltert und ermordet wurden,
wie dies auch deinem Sohn geschah,
unserem Bruder Jesus Christus.

Dein Reich komme, dein Reich, das Freiheit ist und Liebe,
Brüderlichkeit und Gerechtigkeit, Recht und Leben,
Wahrheit und nicht Lüge; dein Reich, das Schluß macht mit allem,
was das Leben zerstört; dein Reich, in dem alles verwest,
was Menschen zu Tieren werden läßt; dein Reich, das beendet,
was Menschen zu Maschinen macht
und ihr Leben zum Handelsobjekt;
dein Reich, das Schluß macht mit allem, was Menschen versklavt.
Ja, Herr, dein Reich komme, denn wenn dein Reich kommt,
dann ziehen wir unseren Egoismus aus und suchen für den Nächsten,
was wir für uns selber wünschen; dann vereint das Volk seine Kraft
und findet Wege der Hoffnung;
dann gibt es Land für alle Bauern
und nicht nur für ein paar Großgrundbesitzer;
dann gibt es Schulen für alle.

Wenn dein Reich kommt, dann werden nicht mehr spitzfindige Gesetze
die volle Selbstverwirklichung der Armen verhindern
und ihre Organisation unterdrücken,
sondern beides ermöglichen und unterstützen;
dann wird das Land bearbeitet, um dort Nahrung
für das Volk anzubauen und nicht Exportgüter,
die Menschen bereichern, die schon jetzt genug haben
und die Habenichtse weiter verarmen lassen;
dann werden die Produktionsmittel Eigentum des Volkes sein
und dem Wohl der Mehrheit zunutze.
Wenn dein Reich kommt, dann werden die Kirchen
ihre Strukturen von Macht und Herrschaft aufgeben
und sich wandeln
in eine Quelle des Lebens und des Dienstes für alle Menschen.

Dein Wille geschehe und nicht der Wille derer, die dir
deinen Platz entreißen wollen und an deiner Stelle die Völker beherrschen.
Dein Wille geschehe und nicht der Wille derer,
die auf Kosten des Lebens, der Luft, des Wassers
und der Güter der »Dritten Welt« ihre Weltwirtschaft bauen.

Dein Wille geschehe, Herr, denn er zerbricht alles,
was Menschen unterdrückt hält.
Dein Wille ist die Botschaft des Evangeliums für die Armen,
Rat für die Betrübten, Freiheit für die Gefangenen,
Licht für die Blinden, Gesundheit und Kraft für die Gefolterten,
Befreiung und Leben für die, die Gewalt erleiden.
Unser tägliches Brot gib uns heute; das Brot der Pressefreiheit;
das Brot der Vereinigungs- und Organisationsfreiheit; das Brot,
ohne Angst vor Entführung auf die Straße gehen
oder im Haus bleiben zu können; das Brot der Gleichheit;
das Brot der Freude; das Brot der Menschenwürde, die uns
nicht geraubt wird von den Wölfen im Schafspelz auf all unseren
Wegen.
Unser tägliches Brot gib uns heute.
Das Brot deines Wortes und das Brot deiner Bildung komme
in jede unserer Hütten aus Pappe, aus Lehm, aus Blech.
Das Brot des Landstücks für jeden Bauern, das Brot
der Wohnung für jede Familie in der Stadt,
das Brot der Milch für alle hungernden Kleinkinder,
das Brot der medizinischen Versorgung bis in die Dörfer.
Das Brot der Heimat für die Bauern, die vom Land
vertrieben werden, weil es dort keine Lebensmöglichkeit
für sie gibt in der Knechtschaft von Großgrundbesitzern,
unter der Ausbeutung der Bodenschätze nach dem Landkauf
durch internationale Konzerne.
Und vergib uns unsere Schuld; die Schuld, das Brot
nicht gerecht zu teilen, das du allen gegeben hast;
wie auch wir vergeben unseren Schuldigern,
die uns geraubt haben, was unser ist.
Vergib uns, daß wir uns getrennt haben von unseren Brüdern;
vergib uns, Herr, den Mangel an Glauben und Mut,
der uns hindert, uns wie lebendige Hostien zu übergeben,
um deinen Willen zu tun, nehmen von dem,
was ohnehin dein ist,
um es zu teilen zwischen uns allen.
Vergib uns, wenn wir aus Angst schweigen und nicht sagen,
was du willst, daß wir es sagen.

Und führe uns nicht in Versuchung.
In die Versuchung, gleich zu werden den Herren dieser Welt
und die klare Sicht aus dem Blickwinkel der Armen zu verlieren;
in die Versuchung, uns zu isolieren und zu resignieren;

in die Versuchung, ohne die anderen
den eigenen Aufstieg zu suchen.
Und führe uns nicht in Versuchung, zu meinen,
man könne dir dienen mit dem Geld;
in die Versuchung, Modelle für unsere Befreiung
zu suchen und Lösungen zu importieren,
die anderswo vorfabriziert sind.
Sondern erlöse uns von dem Bösen.
Von dem Bösen, das uns heimsucht in der Gestalt
der gelben Toyota-Jeeps ohne Kennzeichen,
die uns den Tod bringen;
vom Bösen der Teleobjektive, die unsere Straßenversammlungen
und Demonstrationen festhalten;
vom Bösen in Gestalt der Schafe,
die sich in unsere Basisgemeinden mischen und in unsere
Kirchen,
um uns dem Todeskommando oder
der geheimen antikommunistischen Armee auszuliefern.

Erlöse uns von dem Bösen der christlichen Interessenverbände,
die uns das Wort im Munde herumdrehen,
die uns diffamieren, verleumden, beschuldigen.
Erlöse uns von dem Bösen in Uniform und in Zivil
und von dem Bösen, das mit diplomatischem Ausweis
daherkommt.
Erlöse uns von dem Bösen in uns selbst, das uns immer wieder
dazu verlockt, unser Leben für uns selbst zu bewahren,
während du uns einlädst,
unser Leben zu geben für unsere Freunde.
Denn dein ist das Reich; es gehört keinem von denen,
die es dir entreißen wollen.
Dein ist die Macht, sie liegt in keiner Struktur oder Organisation.
Dein ist die Herrlichkeit,
denn du bist der einzige Gott und Vater.

Julia Esquivel, Guatemala

22. Herr, werde Mensch auf dieser armen Erde

Herr, komme wieder
und werde Mensch auf dieser armen Erde,
in diesem Land, das nur Elend kennt
und wo die Wahrheit nicht regnet.

Komme und zünde die Lichter an,
welche die Selbstsucht ausgelöscht hat.
Komme und streue Hoffnung aus
auf den vertrockneten Feldern.

Komme und bezwinge die Hochmütigen,
auf ihren für die Ewigkeit gebauten Thronen,
und gib den von Leid Gebeugten
die Würde ihrer Arbeit zurück.

Komme wie das Licht der Morgenröte
nach einer endlosen Nacht
und erleuchte die Wege,
wo man sich verkennt.

Komme und führe die Brüder zusammen
rund um denselben Herd.
Und brich neue Pfade
dem Blut unserer Adern.

Herr, komme wieder,
und werde Mensch auf dieser armen Erde,
in diesem Land, das nur Elend kennt
und wo die Wahrheit nicht regnet.

Pedro Jorge da Cruz, Brasilien

23. Gib uns deinen befremdlichen Frieden

Herr, gib uns jenen befremdlichen Frieden,
der mitten im Kampf aufblüht,
wie eine Blume aus Feuer;
der die dunkle Nacht durchbricht,
wie ein heimliches Lied;
der mitten im Tod eintrifft,
wie die ersehnte Umarmung.

Gib uns den Frieden derjenigen,
die immer unterwegs sind,
ohne jeden Vorteil – nackt,
aber bekleidet mit dem Wind der Hoffnung.

Jenen Frieden der Armen,
der Sieger über die Furcht.
Jenen Frieden der Freien,
die an das Leben gekettet sind.

Den Frieden,
den wir ohne Unterschied austeilen,
wie das Wasser und die Hostie.
Jenen Frieden des Himmelreiches,
das im Kommen ist,
unmöglich aber doch wirklich.

Gib uns den Frieden,
den anderen Frieden,
deinen Frieden.
Du – unser Friede.

Dom Pedro Casaldáliga, Brasilien

24. Komm, Heiliger Geist

Komm, Heiliger Geist, komm,
denn wir warten auf dich,
du bist unsere Kraft,
komm uns zu befreien.

Wir sind Campesinos,
Arme und Unterdrückte,
traurig ist unser Leben,
sie halten uns gefangen.

Mach unsere Nacht hell,
gib uns Freude;
daß wir fest entschlossen
an die gute Nachricht glauben.

Komm, Heiliger Geist, komm,
denn wir warten auf dich,
du bist unsere Stärke,
komm uns zu befreien.

Denn wir wollen Jesus folgen,
der der Weg ist,
damit wir schließlich zum Vater kommen
dem Gebenedeiten.

Führe du uns immer zu,
wir sind dein Volk,
laß in uns nie
das Feuer deiner Liebe auslöschen.

Peru

III Klagen und Anklagen

Vater unser!
Wenn Du im Himmel bist
Und Dein Name heilig ist
Warum geschieht dann nicht
Dein Wille
Auf der Erde wie im Himmel?

Marialzira Perestrello, Brasilien

1. Kleine Fragen über Gott

Eines Tages fragte ich:
Großvater, wo ist Gott?
Mein Großvater wurde traurig
und gab mir gar keine Antwort.
Mein Großvater starb auf dem Acker,
ohne Gebete noch Beichte.
Und es begruben ihn die Indios,
Musik von Flöte und Trommel.

Nach Zeiten fragte ich wieder:
Vater, was weißt du von Gott?
Mein Vater wurde sehr ernst
und gab mir gar keine Antwort.
Mein Vater starb in der Grube,
ohne Doktor noch jede Hilfe.
Die Farbe vom Bergmannsblut
hat das Gold vom Patrón!

Mein Bruder lebt in den Bergen
und sah noch nie eine Blume.
Schweiß, Malaria und Schlangen
sind das Leben des Holzfällers.
Und niemand soll ihn fragen,
ob er weiß, wo Gott ist.
In sein Haus kam noch niemals
ein solch bedeutender Herr.

Ich singe auf allen Wegen,
und wenn ich im Gefängnis bin,
hör ich die Stimmen des Volkes,
das besser singt als ich.
Es gibt eine Sache auf Erden,
die wichtiger ist als Gott:
Daß niemand mehr Blut spuckt,
damit es anderen besser geht.

Gott wacht über die Armen?
Vielleicht ja, vielleicht nein.
Doch sicher ist,
daß er immer
am Tisch sitzt mit dem Patrón.

Atahualpa Yupanqui, Argentinien

---

2. Warum?

Vater unser!
Wenn du im Himmel bist
und dein Name heilig ist,
warum geschieht dann nicht dein Wille,
auf der Erde wie im Himmel?

Warum gibst du nicht allen
ihr tägliches Brot?

Warum vergibst du uns nicht unsere Fehler,
damit wir unsere Klagen vergessen?
Warum fallen wir noch in die Versuchung, zu hassen?

Wenn du im Himmel bist, unser Vater,
warum befreist du uns nicht von dem Bösen,
damit wir dann sagen: *Amen?*

Marialzira Perestrello, Brasilien

3. Gebet eines Arbeitslosen

Vater, vom Himmel steige herab,
ich habe die Gebete vergessen, die mich die Großmutter lehrte,
die ärmste; jetzt ruht sie,
muß nicht mehr waschen, nicht mehr saubermachen, muß
nicht mehr Tag für Tag sich um die Kleidung sorgen,
muß nachts nicht mehr wach bleiben, nicht mehr grübeln,
beten, dich um Dinge bitten, dich sanft anmurren.

Vom Himmel steige herab, wenn du da bist, komm runter;
ich sterbe vor Hunger in dieser Ecke,
ich weiß nicht, wozu ich geboren wurde,
ich betrachte meine abgewiesenen Hände:
keine Arbeit,
steig ein wenig herab, betrachte das, was ich bin,
diesen zerrissenen Schuh, diese Angst, diesen leeren Magen,
diese Stadt ohne Brot für meine Zähne, dieses Fieber,
das mein Fleisch aushöhlt,
dies Schlafen im Regen, von der Kälte geschüttelt, verfolgt,
ich sage dir: ich verstehe es nicht, steig herab,
berühre meine Seele, sieh mein Herz,
ich habe nicht geraubt, nicht gemordet, ich war ein Kind,
und dennoch schlagen und quälen sie mich,
ich sage dir: ich verstehe es nicht, Vater, steig herab,
wenn du da bist, ich suche
Ergebenheit in mir und finde sie nicht, mich
packt die Wut, und ich nehme sie auf:
zuschlagend und
schreiend aus vollem Hals:
Warum kann ich nicht mehr? Ich habe Nieren,
ich bin ein Mensch,
steige herab, was haben sie
aus deinem Geschöpf gemacht, Vater?
Ein wütendes Tier,
das Steine von der Straße frißt?

Juan Gelman, Argentinien

4. Gebet eines Bischofs

Warum, o Herr,
rüsten sich so sehr
die Marionettenregierungen unsrer Länder,
als wären sie bedroht von allen Seiten,
aus der Luft, dem Meer und auf dem eignen Lande?
Das Volk indessen stöhnt in Leiden auf,
weil Hungersnot es tödlich bedroht,
ihm wird jedoch das Recht nicht zuerkannt,
sich zu rüsten mit dem Wort.
Die Felder klagen laut,
weil niemand sie bestellt.
Die Städte fühlen sich belästigt:
es wimmert da der Hunger.
Herr, nur du kannst uns noch Heil verschaffen.
Ist denn das Blut deines Sohnes lediglich ein Symbol?
Wozu sein Tod, wenn auch wir noch sterben müssen,
um die Welt zu retten?
Sieh doch, Herr,
wie die Fürsten deiner Kirche zittern
aus Angst, sie könnten ihre Sicherheit verlieren.

Mons. Gerardo Valencia Cano, Kolumbien

5. Wie lange wirst du schweigen?
(Psalm)

Wie lange wirst du schweigen, gerechter Gott,
der du so viel Lüge und Falschheit siehst
im Munde der offiziellen Verteidiger der Gerechtigkeit?

Dein Volk hat keine Sicherheit mehr und keine Verteidiger.
Das Schweigen der Armen ist gekauft worden.
Jeden Tag sterben mehr von den Niedrigen:
Opfer einer Struktur, die im voraus organisiert wurde.

Dein Volk ist tieftraurig, Herr:
Es blicken die Menschen mit erzwungener Resignation.
Es reden die Menschen mit endlosem Schweigen.
Aus ihnen – abgestumpft und gescheitert –
spricht der Schmerz, der ihre Brust verbrennt.

Zeige, Gott des Volkes,
reine Zeichen, neue Zeichen,
die Hoffnung schaffen in den Augen der Unterdrückten.
Lasse es nicht zu, daß diese Generation
von der Ungerechtigkeit endgültig überholt wird.

Brasilien

6. Was ist Gerechtigkeit? Ich habe kein Lexikon!
(Psalm des Maurers)

Ich betete mit lauter Stimme,
und der Patron befahl mir zu schweigen.

Er geht zur Messe an jedem Sonntag,
gibt Almosen, um in den Himmel zu kommen,
spendet für wohltätige Zwecke,
aber dich, Herr, kennt er nicht.

Ich gehe sonntags nicht zur Messe.
Ich muß alle Tage arbeiten.
Ich bin Maurer, baue Häuser.
Ich habe dem Patron das Haus gebaut, in Petrópolis,
und er hat mich bezahlt:
mit zwei gebrauchten Anzügen
und mit einem Hemd – als Prämie.

Dich will ich erkennen, mein Gott!
Sie sagen, du hast einen durchdringenden Blick,
der nach Gerechtigkeit fragt.
Ich weiß nicht, was das ist: Gerechtigkeit.
Ich habe kein Lexikon.

Einmal habe ich versucht, in dein Haus zu gehen.
Aber ein gutgekleideter Herr warf mich hinaus,
weil sein Sohn gerade heiraten wollte
und meine Gegenwart störte!
Und ich ging weg und kehrte nie mehr zurück.
Wie wirst du mich ansehen, Herr?

Brasilien

7. Es seufzt das ganze Volk auf der Suche nach Brot

(Meditation der Basisgemeinden in Lins – Brasilien)

Es seufzt ihr ganzes Volk auf der Suche nach Brot. (Klagelieder Jeremias 1.11)

Männer und Frauen, die Boias Frias, werden wie Tiere auf Lastkraftwagen transportiert. (=Gelegenheitsarbeiter auf dem Land)

Es klebt des Säuglings Zunge vor Durst am Gaumen. Kinder schreien nach Brot, doch niemand bricht es ihnen. (Klagelieder 4.4)
Kinder sterben vor Hunger in den Armen ihrer Mütter. Weinend fragen sie: »Mutter, wo ist das Brot?« (Klagelieder 2.11)

Kinder sterben auf den Straßen, zu jung zum Sterben, als ob sie im Krieg verwundet wären in diesem ungerechten Land. Wegen ständiger Unterernährung sterben in Brasilien jede Stunde 45 Kinder unter einem Jahr. Herr, wie dauert die Stunde der Befreiung lang! Die Kinder, die überleben, leiden an Krankheiten.
45 Mio. Menschen sind tuberkulosekrank. Es gibt in Brasilien 15 Mio. verwahrloste Jugendliche. Für sie steht nur das Gefängnis oder die Anstalt offen.
Man braucht Land, um zu pflanzen, so daß das Volk Arbeit und Essen hat.

Wir holen unser Brot nur unter Lebensgefahr, bedroht vom Schwert der Wüste. (Klagelieder 5.9)

Alte Frauen und Kinder wurden brutal ermordet. Sie stürzen von den Lastkraftwagen, während sie Arbeit auf den Feldern suchen und etwas zum Essen.

Sie geben ihre Schätze hin für Speise, um wenigstens das Le-

Ich sah das Volk mit Gold für Trinkwasser bezahlen und

ben zu erhalten. (Klagelieder 1.11)
Unsere Haut brennt wie ein Ofen vom Glutwind des Hungers. (Klagelieder 5.10)

Die das Schwert durchbohrte, sind besser dran als die, welche der Hunger durchbohrte. (Klagelieder 4.9)

Es liegen im Staube der Gassen Knaben und Greise. Meine Jungfrauen und Jungmänner fielen durch das Schwert. (Klagelieder 2,21)
Mußten Frauen ihre Leibesfrucht verzehren, die Kindlein ihrer eigenen Pflege? (Klagelieder 2.20)

Die einst sie ehrten, verachten sie jetzt, sie sehen ja ihre Blöße. (Klagelieder 1.8)

Dahin ist unsere Herzensfreude, in Totenklage unser Reigentanz verwandelt. (Klagelieder 5.15)

Steuern für seine Wohnungen, die es nicht besaß. Ich sah Frauen früh am Morgen die Mahlzeit bereiten, die auf dem Feld kalt gegessen wird.

Ich sah den Terror und die Angst auf dem Lande. Ich sah Prostituierte, die ihren Körper für Brot verkauften.

Ich sah mit Trauer, wie die Stadt sich mit Armut ernährt. Geschöpfe, die aus Mülleimern essen. Ich sah Frauen, nackt in den Slums, fluchend vor Scham.

Ohne Wasser, Licht, Kanalisation, ohne Krankenversorgung, ohne Schulen: für die Kinder ohne Hoffnung.

Keiner der Boias Frias kommt zum Fest. Die Jugend singt nicht. Die Mädchen bedecken ihr Haar mit Tücher ...
Ich sehe die Sklaverei der Stadt. Das Volk lebt mit Krankheiten. Für die Armen gibt es keinen Arzt, wohl niedrige Gehälter, Hütten zum Wohnen, unmenschliche Transportmittel, unsauberes Wasser, Arbeit ohne Sicherheit, Leben ohne Hoffnung.
Wir sind Sklaven aller Krankheiten. Wir verlieren den Glauben ans Leben, an den Menschen, an die gute Sache.

Brasilien

8. Ecce Homo

Ecce Homo:
zur Stunde der Trostlosigkeit und des Todes,
wenn die Sonne, wie ein Eidotter am Himmel,
kaum umwölkt sich herabläßt auf die entfremdende Einsamkeit,
zur Stunde der menschenleeren Stadt Jerusalem,
wo nur Radios und Fernsehschirme
Rock-and-Roll-Musik bringen
und dadurch bekanntgeben
die Verurteilung des Menschen.

Ecce Homo:
zur Stunde des Schweigens,
wenn für den zu den Dornen des Leides Verurteilten,
für den zutiefst und bitterlich Verletzten
weder Veronikas
noch Zyrenäer da sind,
auch keine Propheten,
die die blutige Geißelung beklagen,
auch keine Magdalenen mit Balsam,
die die tiefen Wunden verbinden.

Ecce Homo:
zur Stunde des Verrates,
wenn Judas durch den Mund des falschen Freundes spricht,
des falschen Bruders,
des falschen Schulkameraden.

Ecce Homo:
zur Stunde der Wundmale,
zur Stunde der Verhöhnung und der Spottrede,
wenn der Pöbel auf das verborgene Antlitz,
auf das Herz und die Würde des Christus-Menschen spucken,
wenn die Gangster als Engel verkleidet
das Golgatha vorbereiten
für den Christus-Menschen der einsamen Parkanlagen,
für den Christus-Menschen der Leprakrankenhäuser,
für den Christus-Menschen, der dahinstirbt,
umherirrend auf den Straßen des Kummers unserer Länder,

für den Christus-Menschen, der den Bombenangriffen erliegt,
unter falschen Fahnen und dem Wahlspruch des Todes.

Ecce Homo:
zur Stunde der Händewaschung,
wenn Pilatus verkleidet auftritt
und sich auf die Drehsessel der Banken setzt,
vor die Türen der Schulen,
vor die Türen der Tempel
und in den schmutzigen Büros
der Lüge und der Machenschaften.

Ecce Homo:
zur Stunde der Kreuzigung,
zur furchtbaren und entsetzlichen Stunde
der Stunde Null,
wenn alles vollbracht ist
und nur noch Galle und Essig im Mund des Martyriums bleiben,
die Instrumente der Passion auf den Reisfeldern Vietnams,
auf der grenzenlosen Explosion der Atombombe
bei Hiroshima und Nagasaki
und auf dem verheerenden Hungerfeld der Neger in Biafra.
Es bleiben nur noch die Dornenkrone und die blutbefleckten Nägel
im miserablen Operationssaal des einsamen Hospitals,
in den Betrieben der Entwürdigung,
auf den Stacheldrahtfeldern des Todes
und auf dem zierlichen Gold,
das so schön glänzt an der immerwährenden Krone des Cäsars.

Ecce Homo:
in dieser Stunde des Leides
in der Jerusalem-Stadt ohne Autos,
wo nur Plattenspieler zu hören sind,
die den Tod des Lammes verkünden
und auch das Leid des Menschen
und die Kruzifixe der grausamen Einsamkeit
die leeren Winkel der Seele füllen.

Ecce Homo:
wenn auch die Stunde meines Kreuzes schon festgelegt ist
und ich zum Gipfel des Kalvarienberges gelange,

zum Gipfel der Verzweiflung und der Durchbohrung,
zum Golgatha der Neurose,
der Alpträume und des Delirium Tremens,
wenn die Straße des Kreuzweges bitter, lang, allzu lang wird,
zwischen den Träumereien und den verzweifelten Reisen
zu den schrecklichen Paradiesen der falschen Vorstellungen.

Ecce Homo:
zur Stunde der Kreuzigung,
zur neunten Stunde,
der Stunde des »Eli, Eli, lema sabachtani?«.
Bereits alles ist schrecklicherweise vollbracht,
mein Gott!
Aus dem leidgeplagten Amerika voller Märtyrerleichen,
aus dem Hospital der Geisteskranken,
aus dem nagenden Hunger des vergessenen Campesinos,
aus meiner unheilsamen Sehnsucht:
In deine Hände empfehle ich meinen Geist!

Leonel Calderón Acuña, Nicaragua

---

9. Verzweiflung eines Gefolterten

»Laßt alle Hoffnung fahren, die ihr hier eintretet.«
Nächte, aus dem Schweigen entstanden.
Rufe, die im unendlichen Raum zum Schrei werden.
Schweigen des Menschen und Schweigen Gottes.
Es ist vielleicht die Stimme der Menschen von heute.
Wer versteht sie?
Wann wird sie verständlich?
Und wenn sie ertönt, was will sie sagen?
Herr, du hast diese Stunde erlebt,
in der Nähe deines geliebten Vaters.
Was wolltest du denn erleben durch diese Lebensweise?

Was hast du denn beten wollen? Bist du nicht Gott?
Worum hast du gebetet?
Warum hast du deinen Freunden nichts erzählt
über deine Begegnungen in den dunklen Nächten,
in der Finsternis?
Zurückgezogen, auf einem Berge,
schön und schmucklos wie die Schönheit selbst,
da hast du deinen Vater um den Frieden gebeten,
um den Sinn deiner Sendung, deines Leidens,
deiner Einsamkeit.
Manchmal, wenn ich dir begegne, bist du einsam, allein,
mißverstanden, verlassen.
»Vater, mein Vater, warum hast du mich verlassen?«
Hat aber, o Herr, dein Vater dich wirklich verlassen?
Ich, ja ich befinde mich allein
in einer Welt, ich weiß nicht in welcher.
Vielleicht ist es die der Ungewißheit
aber auch der Hoffnung,
nämlich dich von Angesicht zu Angesicht
sehen zu dürfen.
Wie sehnlich möchte ich dich sehen!
Und dich um eines nur fragen: was willst du von mir?
Hast mich nicht du ins Leben gerufen?
Warum verläßt du mich dann?
Oder sind etwa meine Ohren schon taub,
daß sie deine Stimme nicht hören?
Die Stimme des Schweigens,
die Stimme des Leidens,
die Stimme eines Leides,
das durch dein Verhalten zu mir noch gesteigert wird.
Was will dein Schweigen nun sagen?
Was mein Schweigen besagt, ist dir wohl bekannt.
Ich versteh es aber nicht.
Wende deinen Geist nicht von mir,
entferne ihn nicht von meinem Blick.
Laß mich dich sehen.
Zeig mir dein Antlitz, so lieblich
wie ein Wiegenlied für ein Kind,
das sich ganz geborgen fühlt
in deinen Armen voller Trost und Frieden.

Tito de Alencar Lima, Brasilien

10. Gebet der Mutter eines Entführten

Jesus, Herr und unser Bruder: Du kennst mich besser als ich selber, und meine Betroffenheit ist dir ebenfalls bekannt. Dennoch will ich heute mit dir reden: ich hab' einfach das Bedürfnis. Mit den Menschen hab' ich schon so viel gesprochen. Jetzt möchte ich einfach mit dir reden, denn du bist mein Gott.
Ich bin sicher, daß deine Leiden auch meine Leiden sind. Ich bin sicher, daß die drei Nägel der Gleichgültigkeit, der Lüge und der Angst, die mich wie unzählige argentinische Mütter an das Kreuz nageln, die drei Nägel sind, die deine Hände und deine Füße immer aufs Neue durchbohren.
Ich will trotzdem mit dir sprechen: was ich dir erzähle, weißt du schon, aber ich will es wiederholen. Ich will dir sagen, daß ich öfters, besonders wenn das Kreuz der Verzweiflung mich bedrückte, dachte: »Mein Gott, warum hast du mich verlassen?«
Ich will dir sagen, daß an jenem Morgen, als ich ihre Aktion im ganzen Wohnviertel hörte, als sie an die Tür klopften, als ich sie einbrechen sah, mit ihren verhüllten Gesichtern, ihrer Brutalität und ihren Waffen, ich in meinem bedrängten Herzen geschrien habe: »Vater, wenn es möglich ist, nimm weg von mir diesen Kelch.«
Ich will dir erzählen, daß ich in jener Nacht, als mein Sohn nicht heimkehrte, in jener Nacht, als man mir die Nachricht davon überbrachte, zur Einsicht kam, daß der Ölberg diesmal das Büro, die Fabrik, die Fakultät oder auch das Haus seines Freundes ist. Als ich ahnte, daß nun der Kreuzweg beginnen würde, stieg in mir ganz leise und voller Vertrauen, ich weiß nicht, warum, das Gebet auf: »Herr, dein Wille geschehe.« Ich will dir sagen, Herr, daß an jenem furchtbaren Tag, als es in meinem Herzen schon Nacht wurde, es »um die neunte Stunde war«, ich verstehen konnte, warum Petrus und Johannes, Jakobus und Andreas die Flucht ergriffen, nicht aus Angst vor dem Gericht, sondern weil es kein Gericht geben oder dieses abscheulich ungerecht enden würde.
Ich will dir erzählen, warum ich in schlaflosen Nächten daran gedacht habe, wie deine Mutter deine Verhaftung, deine Verurteilung, deinen Tod, dein Golgatha miterlebt hat. Und ich dachte mir, daß auch sie sicherlich irgend wohin rannte und irgend einen Bekannten aufsuchte, um durch ihn eine Nachricht zu erhalten. Ich dachte, daß auch sie, vielleicht zusammen mit den Müttern

der beiden anderen Gekreuzigten, oft den Rundgang um die Pyramide des Platzes von Jerusalem gemacht hat und daß sie dabei vor Augen hatte, daß dort vorne, im Palast des Pilatus, ihr Sohn ungerechterweise verurteilt wurde und daß die da drin sich noch »die Hände waschen« würden, ohne zu ahnen, daß die Geschichte aller Zeiten sie durch die Lippen aller Gläubigen zur Rechenschaft ziehen wird.

Wie oft, o Herr, wird deine Mutter sogar noch weiter vorgedrungen sein, bis zum Kommando der Palastwache, wo man dich verspottete und folterte aufgrund der falschen Anschuldigung »das Volk aufgewiegelt zu haben«. Ein in Pracht gekleideter Offizier wird ihr dann mitgeteilt haben, man wisse nichts über diesen Fall, während man in den Hinterhöfen auf dich spuckte und dich mit Dornen krönte.

In Gedanken begleitete ich deine Mutter, als sie vom Leid gequält sich in den Tempel von Jerusalem begeben wollte und jemand ihr die Tür versperrte; wobei der rücksichtslose Pförtner vergessen hatte, daß sie die Mutter jenes Menschen war, der vor diesen Toren oft seinen Glauben bezeugt hatte.

Ich frage mich oft, ob es nicht das schmerzlichste Leiden unter den vielen Ungerechtigkeiten war, die deine Mutter erleiden mußte, als sie zusammen mit anderen Frauen zum Palast des Kaiphas, des damaligen Hohepriesters, ging und dort lediglich sinnlose Erklärungen und großartige Ausreden zu hören bekam, wo doch Kaiphas und alle anderen aus diesem Hause die Heilige Schrift sehr gut kannten und mit Beredsamkeit erklären konnten.

Ich will dir heute sagen, Herr, daß Tausende von Müttern einen ähnlichen Kreuzweg gehen müssen. Ich weiß, daß du das weißt; ich wollte es nur wiederholen. Obwohl dieser Kreuzweg sehr grausam ist, haben wir die Zuversicht, daß er enden wird wie deiner. Dieser Weg zieht sich schon unendlich lange hin, aber unsere Hoffnung ist noch ausdauernder. Das Leid, das wir zu tragen haben, ist unermeßlich, aber du weißt, o Herr, daß die Liebe, die uns beseelt, viel größer ist. Deine Mutter und andere Frauen sind mitgegangen bis hinauf zum Kalvarienberg. Die Soldaten ließen sie nicht in deine Nähe kommen. Deine Mutter konnte dich vielleicht nicht einmal sehen, aber sie ging doch deinetwegen mit. Deswegen bitte ich dich heute abermals, o Herr, laß nicht zu, daß wir aufhören, uns für unsere Kinder einzusetzen. Denn es wird der Zeitpunkt kommen, in dem wir, wie einst Veronika, auf dem Weg zu unsern Kindern, die Reihen der Soldaten sprengen und das Antlitz unserer Lieben trocknen werden.

Herr, ich will heute auch Mut fassen, dir noch folgendes mitzuteilen: Allzu häufig sind wir belogen worden. Aber ich will die Wahrheit nicht scheuen: sollte mein Sohn nicht mehr am Leben sein, so schenke du mir die Gnade, am Kreuz seines Grabes ohne Haß weinen zu dürfen, wie deine Mutter am Fuß deines Kreuzes weinen durfte. Ich bitte dich aber auch, o Herr, daß du uns, den Müttern, so vielen wie nur möglich, das Glück schenkst, wie Maria, deine Mutter, die deine Auferstehung erleben durfte, auch unsere Kinder wieder umarmen zu können, wenn die »Verhafteten/Verschwundenen« wieder lebend auftauchen. Denn es wird eine echte Auferstehung sein, weil sie von dem Tod ins Leben zurückkehren.
Herr Jesus, ich wollte, ich mußte dir heute das alles sagen. Du wußtest alles schon, ich wollte es dir nur wieder sagen, um selber mehr Kraft zu haben für meinen Weg.
Zum Schluß will ich dir auch noch sagen, o Herr, obwohl du das auch schon weißt, daß wir für unsere Kinder diesen Weg weitergehen werden, bis wir das Kreuz überwinden und uns der Auferstehung, der Frucht der Wahrheit, der Gerechtigkeit und der Liebe erfreuen dürfen. Amen.

Argentinien

11. Wie eine wehrlose Taube

Herr im Himmel! Sie haben meinen Mann umgebracht.
Wie eine wehrlose Taube fiel er unter der Mörderhand.
Ich bin allein mit drei Kindern zurückgeblieben.
Mein Gott, warum?
In meiner Ohnmacht fliehe ich zu dir.
Du allein kannst die Bitterkeit aus meiner Seele nehmen
und die Leere meines Herzens ausfüllen.
Die Einsamkeit ist schrecklich. Meine Aufgabe ist schwer.
Mutter und Vater zugleich muß ich für die Kinder sein.
Und meine Eltern sind alt und krank.
Gott, auf dich vertraue ich. Du allein kannst mir helfen.

Kolumbien

IV Einsichten vor Gott

Selig ist, der nicht stumm bleibt
Wenn er Ungerechtigkeit sieht
Auch wenn er deswegen von vielen
verurteilt wird
Selig ist, der mit Taten
die Wahrheit unterschreibt
Die er vertritt

Aus: Os Salmos da Vida,
Brasilien

1. Deine Anwesenheit in der Tiefe des Alltags

Herr des Mysteriums, laß uns deine Anwesenheit im Inneren des Lebens spüren; wir wollen dich in der Tiefe unseres Alltags finden.
Warum soll ich Gott auf anderen Wegen suchen, wenn ich mit meinen Brüdern solidarisch mitleide?
Warum Gott im Geheimnisvollen suchen, wenn er so spürbar im Leben ist?

Komm, Herr Jesus. Aber, du bist ja schon gekommen und kommst täglich. Uns fehlt nur, daß wir dich sehen.
Mit offenen Augen werden wir dich im Antlitz aller Menschen erkennen. Wir wissen, daß du dich ständig offenbarst, in jedem Lächeln, in jedem Problem.
Laß uns dich nicht nur im Kruzifix anblicken, sondern in der Kreuzigung der Elendsviertel und der Gefängnisse.

Danke, Herr, denn selbst unsere weltlichste Arbeit ist eine Tat von dir.
Die Heilsgeschichte unterscheidet sich nicht von der Befreiungsgeschichte der Völker.

Das Evangelium hat einen subversiven Ton. Er verheimlicht nicht seine Vorliebe für die Armen, die Unwissenden, die Unterdrückten, und bevorzugt sicher nicht die Reichen, die Wissenden, die Unterdrücker.

Danke, Herr, für diese so zerbrechliche Gabe der Zärtlichkeit.
Die Zärtlichkeit gibt uns Zugang zur vollständigen Kommunikation, zur Kommunion.
Herr, lehr uns, die Zärtlichkeit zu achten, dieses großartige Sakrament deiner Anwesenheit.

Jesus Christus, die Wahrheit macht uns Angst – ehrlich! Die Wahrheit stellt uns bloß, entschleiert unsere Feigheit, enttarnt unsere Verstecke, verpflichtet uns zur Tat.

Wir bitten dich, daß unsere Wahrheit täglich zunehme, indem wir sämtliche kleine Wahrheiten der andern vernehmen.

Die Welt ist sakral: die Straße ist überfüllt von Christus. Mit Ehrfurcht müßten wir sämtliche Menschenkrümel aufheben, weil du unter ihnen bist, Jesus Christus. Wenn wir das wirklich sehen würden, wäre alles Ekstase.

Luis Espinal, Bolivien

---

2. Du gehörst zu uns

Göttliches Kind,
du bist mit nackten Füßen deines Weges gegangen,
kennst Dornen und Splittergestein,
die drückende Last der Tragbündel;
hast die Armut geschmeckt
und kennst den Hunger und den Durst.
Dein Vater machte Türen,
hölzerne Löffel,
Pflüge aus gegabelten Ästen,
so wie auch wir,
und unsere heilige Mutter Maria,
sie kochte und schleppte
den kärglichen Hausrat mit
auf die Wanderschaft,
wie unsere Frauen es für uns tun.

Enrique López Albùjar, Peru

3. Das Sakrament in den Armen

Irre ich mich, o Herr?
Ist der Gedanke eine Versuchung?
Du treibest mich ständig
hinzugehen und zu verkünden,
daß es notwendig ist, ja dringend,
von deiner Gegenwart im Sakrament
überzugehen
zu deiner anderen Gegenwart,
einer ebenso realen,
im Abendmahl des Armen.
Die Theologen mögen's erörtern.
Tausend Unterscheidungen werden sie
vorbringen.
Aber wehe dem, der sich von dir nährt
und dann keine offenen Augen hat,
um dich zu entdecken,
wie du dir im Müll deine Nahrung
suchst,
von überall verstoßen,
wie du unter unmenschlichen
Bedingungen,
unter dem Zeichen
völliger Unsicherheit lebst.

Dom Helder Camara, Brasilien

4. Unser täglich Brot

Es ist früh, wie jeden Morgen,
Kinder streiten sich mit Hunden
um Mülltonnen.
Alles wird durchgewühlt,
'rein und 'raus,
Speisereste aus dem Müll,
sie teilen sich mit Hunden
das verfaulte Brot aus dem Müll.
Eine Hundewelt
ohne Herz.
Das ist die Art und Weise, die Gott gefunden hat,
das Gebet
dieser armen hungrigen Kinder:
»Unser tägliches Brot gib uns heute«
aufzunehmen.

An diesem Tag, nein,
in dieser Woche
war das Brot auf unserem Tisch
nicht mehr das alte.
Bitter war das Brot,
voller Lästerungen der Armen,
die für Gott Bitten sind.
Und erst dann wurde es süß und gut,
als es geteilt wurde
mit den hungernden
Kindern und Hunden.

Leonardo Boff, Brasilien

5. Gebet von Inhaftierten

Herr,
wenn du unsere Häscher und Folterknechte ansiehst,
wenn du abwiegst, was unsere Wächter tun
und welch erdrückende Urteile unsere Richter sprechen,
wenn du das Leben derjenigen, die uns gedemütigt
und das Gewissen derer, die uns verworfen haben, beurteilst,
vergiß, Herr,
das Böse, das sie zufällig begangen haben.

Gedenke vor allem,
daß wir uns in diesem Opfer
deinem gekreuzigten Sohn nahe bringen:
durch die Folter empfangen wir seine Marterqualen,
durch die Gefangenschaft seine Freiheit des Geistes,
durch die Strafen die Hoffnung auf sein Reich,
durch die Erniedrigung die Freude seiner Kinder.

Gedenke, Herr,
aus diesem Leiden
sproßte in uns – dem zertretenen Samenkorn,
das neuen Anfang setzt –
die Frucht der Gerechtigkeit und des Friedens,
die Blume aus Licht und Liebe.

Über allem, Herr, gedenke daran,
daß wir niemals wie sie sein möchten,
noch dem Nächsten das antun wollen,
was sie mit uns gemacht haben.

Frei Fernando, Frei Ivo, Frei Betto, Brasilien

6. Wir haben dein Evangelium noch nicht vollständig begriffen

Wir bekennen, Herr,
daß wir dein Evangelium noch nicht vollständig
begriffen haben.
Auch haben wir die uns umgebende Wirklichkeit
noch nicht richtig durchschaut.
Verzeih uns unsere Konfusion und unsere Zaghaftigkeit,
– deine Zeugen zu sein,
– die Zeichen des Reiches zu erkennen,
– andern zu vergeben,
– Ansätze der Hoffnung zu suchen,
– gemeinsam zu beten,
– die Einheit des Leibes Christi zu bezeugen,
– unsern Reichtum und unsere Armut zu teilen,
– für die Überraschung des Heiligen Geistes bereit zu sein,
– unsere Schritte auf den richtigen Weg zu richten,
– uns zu bekehren,
– in Liebe zu leben,
– Samen deines Friedens und deiner Gerechtigkeit zu sein.

Nicaragua

7. Sündenbekenntnis

Wir bekennen vor dir, o Herr, daß wir untreu waren, weil wir lange Zeit geschwiegen haben, bis das Übel sichtbar wurde. Der Obrigkeit, den Justiz-, Militär- und Zivilbehörden haben wir den göttlichen Auftrag nicht klar gemacht, zu dem du sie berufst. Wir haben ihnen nicht bekräftigt, daß du sie dazu bestellt hast, wie du, der Knecht, zu dienen. Wir haben ihnen nicht beteuert, daß selbst die geringste Verletzung der Menschenrechte eine Sün-

de gegen dich ist. Wir haben ihnen ihre Missetaten nicht vorgeworfen, sie nicht angeklagt und nicht verurteilt, nicht einmal durch ein einfaches Telegramm, einen Brief oder eine Veröffentlichung in der Zeitung. Vielmehr haben wir die Vergehen gebilligt, ja sogar gerechtfertigt.
Wir haben unsere Theologie dazu benutzt, um ihr Vorgehen zu rechtfertigen. Wir sprachen lieber über das, was in Asien los ist oder weit zurück in der Geschichte geschehen ist, aber haben das Übel in diesem menschenvernichtenden und sündhaften System nicht beim Namen genannt. Unsere Kanzeln waren oft – du weißt das nur zu gut, denn niemand kann dich betrügen, – zu sehr im Dienst der C.I.A. und der Interessen des Systems, und nur in geringerem Maße in deinem Dienst.
Das haben wir aus Angst getan, denn andernfalls hätte sich die Interessengruppe gegen uns erhoben, und so zogen wir es vor, mit ihr gut zu stehen, ihre Zustimmung und nicht die deine zu gewinnen. Dir ist wohl bekannt, o Herr, daß es doch viel einfacher ist, von der Kanzel aus gegen den Kommunismus loszuschießen, weil das in diesem System weniger Risiko bedeutet, als das System zu hinterfragen, in dem wir uns befinden, weil wir dadurch selbst unter Kritik geraten. Von Kuba aus wäre es zum Beispiel sehr einfach, das kapitalistische System anzuprangern, aber dort würde man nicht leicht das sozialistische System kritisieren können.
Hilf uns, o Herr, wahrzunehmen, daß der Christ seine eigene Gesellschaftsordnung erschüttern muß und daß er morgen in einer neuen Gesellschaftsordnung ebenfalls eine kritische Aufgabe wird erfüllen müssen, denn auch da wird es Widersprüche geben, und auch da wird der Christ das Reich im Blick haben, auf das wir zugehen und zu dem du uns führst.
Das bekennen wir vor dir, o Herr, denn es geht uns wie einer offenen Wunde, die den belebenden Strahlen der Sonne ausgesetzt wird, damit sie wieder heil wird. So wollen auch wir uns unserer Feigheit und Untreue, unserer Bequemlichkeit und unseres Ungehorsams bewußt werden und von neuem beginnen, deinen Willen zu erfüllen, ohne Angst, »weder von dem, was da oben noch vor dem, was da unten, weder vor dem Tod noch vor dem Leben, weder vor dem Gegenwärtigen noch vor dem Zukünftigen«.

José Miguel Torres, Nicaragua

8. Gebet für den Frieden in Nicaragua

Herr Jesus, du hast uns das neue Gebot der Liebe gebracht. Heute, Herr, nachdem wir das Recht auf Frieden erkämpft haben, will man uns diesen Frieden mit der Macht der Waffen wieder entwinden.
Herr, sie bedrohen das Brot der Hungernden, die Zukunft unserer Kinder, das Glück der Familien, die Zukunft unserer Campesinos, die Sicherheit der Schwachen, das Obdach der Armen und die Unabhängigkeit des ganzen Volkes.
Deswegen haben wir uns versammelt: um die Einheit zu fördern, um den Frieden zu verteidigen, den dein Volk so liebt, und um die eigene Würde aufrechtzuerhalten; um unser Leben mit brüderlicher Wärme zu erfüllen und diesen mit dem Blut unserer Märtyrer besiegelten Frieden zu sichern.
Wir sind wie ein Körper, voller Durst nach Frieden und Liebe. Deswegen beten wir auf diesem Platz der Revolution Carlos Fonseca. Der Krieg ist die schlimmste Todsünde. Unser Volk hat ein Recht auf Frieden, Frieden, der viel Märtyrerblut gekostet hat.
»Frieden!« singen zum Himmel die Spitzen unserer Berge, die blaue Farbe unserer Seen, die Wasserströme, die unsere Felder fruchtbar machen, die Seelen unserer Kinder, die zum Leben erwachen. Der Krieg ist die Verwüstung, die den himmlischen Ruf unserer Wälder zum Schweigen bringt, die unsere blauen Gewässer mit dunklen Gespenstern trübt.
Herr, wir kommen hier zusammen, weil da oben unzählige Aasgeier herumfliegen und unsern blauen Himmel, unsere blauen Berge und unsere blauen Seen beschmutzen. Wir halten hier zusammen, nicht mit der Absicht, irgend jemand in der Welt zu bedrohen. Wir sind so klein, sind so wenige, zudem noch so ausgeblutet und verarmt, daß es nach Verleumdung klingen muß, will man uns als kriegslustig bezeichnen – du weißt es ja, o Herr!
Wir haben uns versammelt, Herr, weil wir über unsere Würde nachdenken wollen und entschlossen sind, selbst mit unserm Leben den Frieden zu verteidigen.
Herr, du hast uns gesagt: »Wer sein Leben liebt, wird es verlieren und wer es um deinetwillen verliert, wird es gewinnen«. Genau

deswegen sind wir hier, weil wir bevorzugen, das Leben zu verlieren, um den Frieden zu gewinnen, statt zu leben, um den Frieden zu verlieren.
Um es besser auszudrücken, bete ich mit den Worten unseres Dichters Dario: »Laßt nicht zu, daß der Haß seinen Pfeil losschieße. Bringt zu den Altaren des Friedens Honig und Rosen. Frieden für ganz Amerika. Frieden im Namen Gottes!«

Mons. Arias Caldera, Nicaragua

---

9. Seligpreisung des Subversiven

Selig ist, der keine Maschinenpistole aufnimmt,
um seinen Bruder zu töten.
Selig ist, der dem Druck von außen nicht nachgibt
und die Wahrheit bezeugt.

Selig ist, der nicht verschweigt,
wenn er Ungerechtigkeit sieht,
auch wenn er deswegen von vielen verurteilt wird.
Selig ist, der mit Taten die Wahrheit unterschreibt,
die er vertritt.

Selig ist, der seine Stimme den Verstummten gibt,
seine Intelligenz in den Dienst der Unwissenden stellt,
dessen ermutigendes Wort den Verzweifelten aufrichtet
und der den Ausbeuter anprangert.

Selig ist, der als subversiv angesehen
und um der Brüder willen verurteilt wird.
Selig ist er, wahrhaftig,
weil der Gott der Subversiven seine Stärke sein wird
und er der Gewalt aller Feinde widerstehen kann.

Brasilien

V Gottesdienste in der Christusnachfolge

Herr hilf uns
Das Evangelium der Liebe zu leben
Und zu verkündigen

Brasilianischer Kreuzweg
zur Kampagne der Brüderlichkeit

1. Kreuzweg zur Kampagne der Brüderlichkeit

1. Station: Jesus wird zum Tode verurteilt

Leiter: Wir beten dich an, Herr Jesus Christus, und preisen dich.
Alle: Denn durch dein heiliges Kreuz hast du die Welt erlöst.
Leiter: Wir wollen jetzt das Leiden Jesu betrachten, durch das er uns erlöst hat. An der ersten Station denken wir darüber nach, wie Jesus zum Tode verurteilt wurde.
Lied: Am Kreuz zu sterben,/dein Jesus wird verdammt –/deiner Sünden wegen./Von Krankheit und Sünde/die ganze Welt wird frei –/durch Jesu Tod und Auferstehen.
Leiter: Herr Jesus, deine Stunde ist gekommen – die Stunde, in der du dich hingibst, um uns zu erlösen. Du gehst aus freien Stücken in den Tod, denn du bist gehorsam bis zum Tod am Kreuz (Phil. 2,8).
Alle: »Niemand entreißt mir mein Leben, sondern ich gebe es aus freiem Willen« (Joh. 10,17)
Leiter: Du wolltest dein Leben hingeben, damit unsere Sünde besiegt werde und wir »das Leben in Fülle hätten« (Joh. 10,10). In der Menge, die jetzt schreit »Ans Kreuz mit ihm!«, sind Kranke, denen du die Gesundheit gabst, Hungrige, die du speistest, und Aussätzige, die du durch die Heilung wieder in die Gesellschaft eingegliedert hast.
Alle: Du wolltest ihnen das Leben in Fülle geben,/das Leben des Körpers und der Seele./Und jetzt verurteilen sie dich./Warum?
Leiter: Weil du das Gesetz neudeuten und auf ein einziges Gebot zurückführen wolltest: »Liebt einander!« Du wolltest die Menschen die Liebe lehren – Liebe, die das Herz des Menschen verändert.
Alle: Aber sie wollten nicht verstehen,/daß das Gesetz der Liebe das Gesetz des Lebens ist ...
Leiter: Aber auch wir, Herr Jesus Christus, haben Schuld an deinem Tod. Auch wir verurteilen dich jedesmal, wenn wir dich nicht in denen erkennen wollen, die Hunger leiden, krank sind und auf unsere Hilfe hoffen.
Alle: Herr, öffne uns die Augen!/Hilf uns zu kämpfen!/Hilf uns, das Evangelium der Liebe zu leben und zu verkünden.

JCL

Leiter: Wir beten dich an, Herr Jesus Christus, und preisen dich.
Alle: Denn durch dein heiliges Kreuz hast du die Welt erlöst.
Leiter: »Er hat unsere Krankheiten getragen und unsere Schmerzen auf sich geladen«, sagt der Prophet Jesaja (53,4). An der zweiten Station betrachten wir, wie Jesus sein schweres Kreuz auf sich nimmt.
Lied: Am Kreuz zu sterben,/dein Jesus wird verdammt –/deiner Sünde wegen./Trotz aller Schwachheit/schreiten wir unentwegt voran./Trotz aller Mutlosigkeit/geh'n wir den Weg wie ein Mann –/in der Kraft Jesu,/der alles ertrug.
Leiter: »Seht das Lamm Gottes«, das hinwegnimmt die Sünde der Welt (Joh. 1,29). Herr, dieses Kreuz ist nicht dein Kreuz; denn da du ohne Sünde bist, verdienst du nicht die Strafe des Kreuzes. Du bist gekommen, um uns zu suchen, und im Laufe deines Lebens, deines Leidensweges, nahmst du unsere Sünden eine nach der anderen auf dich.
Alle: Dein Kreuz sind unsere Sünden,/die Sünden der ganzen Welt.
Leiter: Du nahmst das Kreuz mit deinen Händen an, mit deinen Armen, ja mit Liebe – wie ein Arbeiter nach seinem Werkzeug greift. Das heilige Werkzeug unserer Erlösung. Und jetzt brichst du still auf. Ja, ist es nicht so, daß es eine Zeit zu reden und eine Zeit zu schweigen gibt?
Alle: Ja,/es gibt eine Zeit zu kämpfen,/und es gibt eine Zeit,/in der wir schweigend/unsere Sünden und die Sünden der Welt verantworten müssen.
Leiter: »Wenn jemand mir nachfolgen will, verleugne er sich selbst, nehme sein Kreuz auf sich und folge mir nach« (Mt. 16,24).
Alle: Herr,/wir würden das Kreuz lieber weit von uns weg weisen./Es zu tragen ist nicht leicht./Denn je länger wir es auf den Schultern haben/und dabei all das Leid, all den Schmerz und all das Böse betrachten, das uns umgibt,/um so mehr drückt es uns nieder.
Leiter: Herr, jeden Morgen gib uns neue Kraft für den Weg des Tages. Hilf uns zu verstehen, daß jede Tat – so hochherzig sie auch sein mag – nichts ist, wenn sie nicht zugleich auch Teil deines Erlösungswerkes, ja Quelle des Lebens ist.
Alle: Herr,/hilf uns, die Leiden der Mitmenschen zu teilen,/»unerschütterlich und unbeugsam am Glauben festzuhalten/und uns nicht von der Hoffnung abbringen zu lassen« (Kol. 1,23)

JCL

Leiter: Wir beten dich an, Herr Jesus Christus, und preisen dich.
Alle: Denn durch dein heiliges Kreuz hast du die Welt erlöst.
Leiter: »Herr, deine Hand lastet schwer auf mir. Nichts blieb gesund an meinem Leib. Weil ich gesündigt habe, blieb an meinen Gliedern nichts heil. Ich bin dem Fallen nahe, mein Leid steht mir immer vor Augen. Die mich ohne Grund befehden, sind stark. Sie vergelten mir Gutes mit Bösem, sie sind mir feind, weil ich nach dem Guten trachte«, so betet der Psalmist (38,3.4.18.20.21). Wir wollen uns jetzt in das Bild versenken, wie Jesus zum ersten Mal unter dem Kreuz fällt.
Lied: Trotz aller Schwachheit
schreiten wir unentwegt voran.
Trotz aller Mutlosigkeit
geh'n wir den Weg wie ein Mann –
in der Kraft Jesu,
der alles ertrug.
Unsere Schwäche, unser Fallen
lassen Gewißheit wachsen in uns allen,
daß wir dennoch Sieg erringen,
daß der Weg mit Jesus wird gelingen.
Leiter: Jesus brach auf. Er ging ein Stück, dann strauchelte er und brach in seiner Schwäche zusammen. Er, der Herr der Welt fiel vor den Soldaten und der lachenden Menge zu Boden.
Alle: Herr,/wir dachten, unser Ja zu dir wäre endgültig./Aber wir entdecken, daß wir vom rechten Weg abgebogen sind, weil er uns zu steinig erschien.
Leiter: Andere ziehen an uns vorbei, Herr. Gebrochene, Müde, Kranke. Und wir stehen ihnen nicht mehr zur Verfügung, um ihnen zu helfen.
Alle: Wir sind geflohen, Herr,/weil wir nur an uns gedacht haben./Den Bedürftigen haben wir das Brot verweigert,/Kranken die notwendigen Mittel zur Genesung./Herr,/wenn wir weiter jeder für sich unser Leben wollen,/geraten wir von deinem Weg ab/und setzen uns der Gefahr aus,/unser Leben und das der anderen zu verspielen.
Leiter: Herr, gib jedem von uns die Kraft, dir mit Beharrlichkeit zu folgen. Hilf uns, den Egoismus zu bekämpfen, der uns entleert und orientierungslos macht.
Alle: Herr, verlaß uns nicht,/komm uns zur Hilfe! Du bist unsere Rettung.

III

Leiter: Wir beten dich an, Herr Jesus Christus, und preisen dich.
Alle: Denn durch dein heiliges Kreuz hast du die Welt erlöst.
Leiter: »Ihr alle, die ihr des Weges zieht, schaut doch und seht, ob ein Schmerz ist wie mein Schmerz, den man mir angetan hat!« (Klgl 1,12). Wir beziehen den Klagespruch des Propheten Jeremia jetzt auf Maria und betrachten an der vierten Station, wie Jesus seiner Mutter begegnet.
Lied: Unsere Schwäche, unser Fallen/lassen Gewißheit wachsen in uns allen,/daß wir dennoch Sieg erringen,/daß der Weg mit Jesus wird gelingen./O Mutter, die den Sohn gesehen,/am Weg der Schmach und bittern Pein,/erfleh uns Kraft, mit ihm zu gehen/und seinem Kreuze nah zu sein.
Leiter: Mütter, die ihr miterleben mußtet, daß eines eurer Kinder starb, erinnert euch der letzten Nacht, die ihr bei dem Totkranken gewacht habt. Das Kind jammerte, und ihr konntet den Tod nicht aufhalten.
Alle: Herr,/deine Mutter läßt uns mitleiden./Als sie dir auf deinem Kreuzweg folgte,/begleitete sie die ganze Menschheit auf ihrem Leidensweg./Wie alle Mütter weiß sie,/wie man an Leid und Schmerz Anteil nimmt./Indem sie an deine Seite tritt,/hat sie aber auch Teil am Erlösungswerk.
Leiter: Herr, manchmal wachen wir bei Sterbenden. Wir begleiten Menschen, die sterben, weil ihnen die Nahrung fehlt, um die zerstörte Gesundheit wieder zu erlangen. Wir sehen Kinder, die völlig verschmutztes Wasser trinken müssen und an Seuchen sterben. Wir wissen von Eltern, die ihr Leben opfern, damit ihre Kinder es in der Zukunft besser haben.
Alle: Herr,/wenn wir die Menschen auf ihrem Kreuzweg begleiten,/erfahren wir immer wieder von Ungerechtigkeiten,/die tödlich sind.
Leiter: Herr, mach' uns mit deiner Mutter Maria vertraut. Sie ist in den Augen der Menschen zu nichts nutze und leistet nichts. In den Augen des Vaters aber wirkt sie beim Erlösungswerk seines Sohnes mit. Hilf uns, bei den Menschen zu sein und zu bleiben, ihre Bedürfnisse zu erspüren, ihre Sehnsüchte zu erahnen und sie auf ihrem Weg zu begleiten, wie Maria es tat.
Alle: Herr,/gib uns Mut zu kämpfen./Hilf uns, Solidarität zu praktizieren,/damit wir, soweit es in unseren Kräften steht,/Krankheit und Tod besiegen./Hilf uns,/daß wir unser Herz für das Leid in der Welt öffnen/und daß wir wie Maria, deine Mut-

ter,/mit der Welt leiden und zur Erlösung der Welt beitragen./ Hilf uns,/die nötigen Mittel zusammenzulegen,/um so Engpässe und Krankheiten zu überwinden/und schließlich bessere Lebensmöglichkeiten herbeizuführen.

5. Station: Simon von Cyrene hilft Jesus das Kreuz tragen

Leiter: Wir beten dich an, Herr Jesus Christus, und preisen dich.
Alle: Denn durch dein heiliges Kreuz hast du die Welt erlöst.
Leiter: »Einer trage des anderen Last. So werdet ihr das Gesetz Christi erfüllen« (Gal 6,2), lautet die Ermahnung des Apostels an die Christen in Galatien. An dieser fünften Station wollen wir betrachten, wie Simon von Cyrene Jesus das Kreuz tragen hilft.
Lied: O Mutter, die den Sohn gesehen
am Weg der Schmach und bittern Pein,
erfleh uns Kraft, mit ihm zu gehen,
und seinem Kreuze nahe sein.
Es half dir einer, den sie zwangen,
und beugt sich unters Holz der Schmach,
gib, daß auch wir das Kreuz der anderen umfangen
und dir in Liebe folgen nach.
Leiter: Simon kam vorbei. Da faßten sie ihn. Simon war irgend jemand, der dich gar nicht kannte und nichts davon wußte, was das Kreuz bedeutet.
Alle: Herr,/du wolltest,/daß dir einer von uns half.
Leiter: Nicht als ob du nicht allein deinen Auftrag hättest erfüllen können. Aber du wolltest, daß wir zu deinem Teil Arbeit auch unseren Teil dazutäten.
Alle: Herr,/wir hören deinen Ruf./Wir wollen gemeinsam mit dir/ am Werk der Erlösung der Welt/und der Befreiung des Menschen mitwirken:/aller Menschen und des ganzen Menschen/des Körpers und der Seele.
Leiter: Zusammen mit dir, Herr, wollen wir den Menschen von der Sünde und von den Folgen der Sünde befreien. Wenn wir also dafür eintreten, daß die Menschen eine angemessene Arbeit finden, in hygienischen Verhältnissen leben, sich vor Arbeitsunfällen schützen und ein menschenwürdiges Leben führen können, dann wissen wir, daß alles dies Errungenschaften deines Leidens sind, weil du ja unser Bruder bist und wir Kinder Gottes sind.
Alle: Herr,/wir glauben, daß/– wenn wir unser Leben mit Liebe akzeptieren,/wenn wir das Leid unserer Brüder und Schwestern teilen/oder wenn wir ihnen in ihrer Not helfen –/wir auch dir helfen, heute das Kreuz durch die Menschheit zu tragen.
Leiter: Herr der Weg der Menschen ist zu steinig, als daß ihn jemand alleine gehen könnte. Das wolltest du uns zeigen. Gemeinsam mit dir werden wir die Welt retten können.
Alle: Herr,/gib uns Solidarität!

V
JCL

Leiter: Wir beten dich an, Herr Jesus Christ, und preisen dich.
Alle: Denn durch dein heiliges Kreuz hast du die Welt erlöst.
Leiter: Alle Jünger waren geflohen. Petrus hatte Jesus aus Angst verleugnet. Da kommt eine Frau. An der folgenden sechsten Station wollen wir bedenken, wie Veronika Jesus den Schweiß abwischt.
Lied: Es half dir einer, den sie zwangen,
und beugt sich unters Holz der Schmach;
gib, daß wir auch das Kreuz der anderen umfangen
und dir in Liebe folgen nach.
Herr, präge uns dein Angesichte
für immer tief ins Herz hinein,
und wenn es aufstrahlt im Gerichte,
so laß es uns zum Heile sein.
Leiter: Nach einer leidvollen Nacht der Geißelung und des Todeskampfes, wer konnte da noch, Herr, dein Angesicht erkennen?
Alle: Wer, Herr, hätte dich noch wiedererkennen können?
Leiter: Die Menge sieht nur einen Mann, der zum Tode verurteilt ist, einen Feind. In der Volksmenge aber steht eine Frau, die dich wiedererkennt. Sie tritt vor die Soldaten hin, trocknet dir den Schweiß aus dem Gesicht, und du läßt die Züge deines sauberen Gesichts in ihrem Tuch zurück.
Alle: Wie oft Herr,/gehen wir an dir vorbei, ohne dich zu erkennen?/Dein Antlitz verbirgt sich heute/im Gesicht des Leprosen,/dessen bettelnder Blick dennoch eine Flamme des Lebens ist./Dein Antlitz verbirgt sich heute in den Gesichtern alter Menschen,/die wir in namenlose Heime gesteckt haben/und die auch nur ein bißchen Liebe wollen.
Leiter: Ja, Herr, um uns herum übersieht dich die Welt. Ich selbst gehe rücksichtslos an dir vorbei. Bisweilen gucke ich sogar weg, wenn dein Antlitz gar zu sehr entstellt ist. Dann bekomme ich nicht selten Angst.
Alle: Verzeih' Herr!/Verzeih' unsere Angst!/Verzeih' unsere Unachtsamkeit!
Leiter: Herr, um uns herum übersieht dich die Welt. Aber wir sind schuld daran. Durch uns Christen muß die Welt dich entdecken, obwohl wir allzuoft ein falsches Bild von dir vermitteln.
Alle: Herr, hilf uns!/Verändere uns,/damit unsere Mitmenschen dich in uns erkennen./Mach' uns zu Zeugen deiner Liebe!

VI
JCL

Leiter: Wir beten dich an, Herr Jesus Christus, und preisen dich.
Alle: Denn durch dein heiliges Kreuz hast du die Welt erlöst.
Leiter: Diesmal fällt Jesus nicht nur, weil das Kreuz so schwer ist, sondern auch, weil die Kräfte ihn immer mehr verlassen und er immer schwächer wird. An dieser siebten Station vertiefen wir uns darin, wie Jesus das zweite Mal unter dem Kreuz fällt.
Lied: Herr, präge uns dein Angesichte
für immer tief ins Herz hinein,
und wenn es aufstrahlt im Gerichte,
so laß es uns zum Heile sein.
Die Kraft verläßt dich, du fällst nieder
zum zweiten Mal; das Kreuz ist schwer.
Ich falle und ich falle wieder;
in meiner Schwachheit hilf mir, Herr.
Leiter: Genauso ist es: Ständiger Druck und unentwegtes Leid schwächen den Willen des Menschen. Wie du uns ähnlich bist, Herr! Auch in der Schwäche wolltest du ganz Mensch sein.
Alle: Herr,/wir fallen immer wieder.
Leiter: Uns jedoch, Herr, bringt eine andere Schwäche zu Fall: unsere Sünde.
Alle: Du wolltest uns sagen, Herr,/daß du uns trotz unserer Schwächen liebst/und daß wir nie mutlos werden dürfen.
Leiter: Herr, aber es sind doch so viele, die wegen des Übermaßes an Leiden nicht mehr an dich glauben können. Wenn der Körper von der Krankheit zermahlen wird, Verwirrung den Geist schlägt, der Weg zu weit ist und das Ziel unerreichbar erscheint, dann, Herr, möchten wir verzweifeln.
Alle: Viele fallen, weil sie sich allein fühlen/und weil wir sie vergessen haben.
Leiter: Herr, die Sünde vernebelt uns Gewissen und Bewußtsein. Wir gewöhnen uns an das Böse. Unser Blick wird verdunkelt. Die Hindernisse auf dem Weg entgehen uns, und die Mitmenschen, denen wir unterwegs begegnen, übersehen wir. Unser Leben wird zugeschnürt. Das Seufzen unserer kranken und hungrigen Brüder und Schwestern überhören wir. Am Bruder, der am Wegesrand liegt – vielleicht betrunken, um sein Elend zu ertränken – gehen wir achtlos vorbei.
Alle: Herr,/hilf uns aufzustehen,/wenn wir fallen./Laß uns für unsere Brüder und Schwestern/Zeichen der Hoffnung werden.

VII

Leiter: Wir beten dich an, Herr Jesus Christus, und preisen dich.
Alle: Denn durch dein heiliges Kreuz hast du die Welt erlöst.
Leiter: »Töchter Jerusalems, weint nicht über mich; weint über euch und eure Kinder!« (Lk 23,28). An dieser achten Station meditieren wir darüber, wie Jesus sich den Frauen von Jerusalem gegenüber verhält.
Lied: Die Kraft verläßt dich, du fällst nieder
zum zweiten Mal; das Kreuz ist schwer.
Ich falle und ich falle wieder;
in meiner Schwachheit hilf mir, Herr.
Du redest mahnend mit den Frauen:
»Weint über euch, nicht über mich!«
Wenn wir dich einst als Richter schauen,
Herr Jesus, dann erbarme dich.
Leiter: Die Frauen fühlten sich schwach. Sie konnten wirklich nicht eingreifen. Was blieb ihnen anders, als zu weinen. Sie weinten aus Mitleid. »Weint über eure Sünden!«, sagte Jesus zu ihnen.
Alle: Mitleid haben wir manchmal./Und wenn wir von Sünde sprechen,/denken wir an die Sünden der anderen./Das ist leichter.
Leiter: Häufig vergessen wir, daß deine Leiden die Leiden all der Kleinen sind – derer, die im Leben unterliegen, verachtet werden und Opfer von Unterdrückung sind. Aber unsere Sünde, die Sünde der Welt heißt, sehen wir nicht. Mit der Sünde der Welt wollen wir nichts zu tun haben.
Alle: Wie verweisen leicht auf die großen Schuldigen:/Politik, Wirtschaft, Hungerlöhne, Favelas, Alkohol./Die Schuldigen sind für uns die,/die über Macht verfügen/und Macht mißbrauchen.
Leiter: Aber für die gemeinsame Sünde fühlen wir uns nicht verantwortlich. Wie die Frauen in Jerusalem klagen wir Richter, Henker, die Menge und die Soldaten an. Dabei lassen wir jedoch außer Betracht, daß das Böse in uns steckt, in jedem einzelnen von uns und daß wir mit unseren Sünden auch zum Leiden beitragen.
Alle: Herr,/laß uns begreifen,/daß wegen unserer Sünden/auch ein Teil der Schuld auf uns alle fällt.

IIIV

9. Station: Jesus fällt zum dritten Mal unter dem Kreuz

Leiter: Wir beten dich an, Herr Jesus Christus, und preisen dich.
Alle: Denn durch dein heiliges Kreuz hast du die Welt erlöst.
Leiter: Bei der neunten Station betrachten wir jetzt, wie Jesus zum dritten Mal unter dem Kreuz fällt.
Lied: Du redest mahnend mit den Frauen:
»Weint über euch, nicht über mich!«
Wenn wir dich einst als Richter schauen,
Herr Jesus, dann erbarme dich.
Da liegst du, wie vom Kreuz erschlagen,
erschlagen von der Schuld der Welt,
hilf mir, im Abgrund nicht verzagen
und hoffen, daß dein Kreuz mich hält.
Leiter: Zum dritten Mal, Herr, fällst du jetzt auf deinem Leidensweg.
Alle: Zum dritten Mal, Herr,/fällst du jetzt auf deinem Leidensweg.
Leiter: Am Fuße des Kalvarienberges denkst du ein weiteres Mal an alle, die du erlösen willst. Über Jahrhunderte hinweg fällt dein Blick dabei auf die Menschen, die deine Erlösungstat abweisen, auf die Herzen, die Elend und menschliche Boshaftigkeit verbittert haben und auf alle, die deinen Liebeserweis nicht verstehen wollen.
Alle: Herr,/deine Liebe wird verkannt./Das drückt dich nieder,/ so daß du noch einmal fällst.
Leiter: Brüder und Schwestern, wir wollen jetzt einen Augenblick Schweigen einlegen und dabei bedenken, was Jesus zu Petrus sagt: »Amen, ich sage dir: In dieser Nacht, noch ehe der Hahn kräht, wirst du mich dreimal verleugnen« (Mt 26,34).
Pause – Schweigen.
Leiter: Herr, jedesmal wenn wir fallen, hältst du uns, damit unser Glaube nicht schwach wird.
Alle: Herr,/hilf uns zu kämpfen./Wir vertrauen auf deine Liebe.

IX

Leiter: Wir beten dich an, Herr Jesus Christus, und preisen dich.
Alle: Denn durch dein heiliges Kreuz hast du die Welt erlöst.
Leiter: Paulus schreibt im Epheserbrief: Christen, »legt den alten Menschen ab, der in Verblendung und Begierde zugrunde geht, ändert euer früheres Leben und zieht den neuen Menschen an!« (Eph 4,22). An dieser zehnten Station wollen wir bedenken, wie man Jesus seine Kleidung abnimmt.
Lied: Da liegst du, wie vom Kreuz erschlagen,
erschlagen von der Schuld der Welt.
Hilf mir, im Abgrund nicht verzagen
und hoffen, daß dein Kreuz mich hält.
Herr, unsre Schuld hat dich verraten;
sie ist's, die dich in Schande stößt.
Bedecke uns mit deinen Gnaden,
da wir so schmählich dich entblößt.
Leiter: Herr Jesus, nur dieses von deiner Mutter liebevoll gefertigte Kleid war dir noch geblieben. Aber auch das war noch zu viel. Nur das eine sollte dir bleiben: das Kreuz, mit dem du uns erlösen solltest.
Alle: Alles wolltest du aufgeben,/um uns die Selbstentäußerung zu lehren.
Leiter: Herr, nackt kamst du in diese Welt. Jetzt bist du wieder von allem entblößt und gehst in den Tod. »Meine Kleider haben sie unter sich verteilt, und über mein Gewand haben sie das Los geworfen« (Ps 22,19). Mit welchem Nachdruck lehrst du uns die Armut.
Alle: Alles wolltest du aufgeben,/um uns das Teilen zu lehren.
Leiter: Um uns herum gibt es so viele Leute, denen einfach alles fehlt: Kleidung, Nahrung, Medikamente. Du, Herr, willst aber, daß auch diese Menschen sich satt essen können und erlöst werden.
Alle: In Erinnerung an dich, Herr,/wollen wir unseren Brüdern und Schwestern helfen,/die an Leib und Seele leiden.
Leiter: Jesus, hilf uns, im Leben das Wesentliche zu entdecken, auf das es wirklich ankommt.
Alle: Ja, Herr,/hilf uns, den Willen nach immer mehr zu beherrschen,/weil er uns daran hindert,/dem Mitmenschen Bruder und Schwester zu sein./Gib uns den Geist der Armut,/der uns den anderen näher bringt./Mach' uns zu neuen Menschen.

X

Leiter: Wir beten dich an, Herr Jesus Christ, und preisen dich.
Alle: Denn durch dein heiliges Kreuz hast du die Welt erlöst.
Leiter: »Ich bin mit Christus gekreuzigt worden. Nicht mehr ich lebe, sondern Christus lebt in mir« (Gal 2,19–20), sagt der Apostel Paulus. An dieser elften Station wollen wir betrachten, wie Jesus ans Kreuz geschlagen wird.
Lied: Herr, unsre Schuld hat dich verraten;
sie ist's, die dich in Schande stößt.
Bedecke uns mit deinen Gnaden,
da wir so schmählich dich entblößt.
Du wirst, o Herr, ans Kreuz geschlagen,
wirst hingeopfert wie ein Lamm;
du hast die Schuld der Welt getragen,
bis an des Kreuzes harten Stamm.
Leiter: Herr Jesus, du hast dich über das Kreuz ausstrecken lassen. Du hast deine Arme ausgebreitet, als wolltest du die ganze Welt umfangen, ohne irgend jemanden auszuschließen.
Alle: Du hast deine Arme geöffnet,/um alle Menschen zu umarmen.
Leiter: Den Armen hast du umarmt, dessen Leben nichts anderes als Kampf und Leid ist. Den Kranken, der der Verzweiflung nahe ist, hast du in deine Arme genommen. Das Opfer von Ungerechtigkeit, das keinem Menschen mehr vertrauen kann, hast du umarmt.
Alle: Unser Kreuz liegt fertig./Jeden Tag aufs neue müssen wir ja zu ihm sagen./Herr, gib uns die Kraft,/unser Kreuz anzunehmen,/um zusammen mit dir die Welt zu retten.

XI
UCL

Leiter: Wir beten dich an, Herr Jesus Christus, und preisen dich.
Alle: Denn durch dein heiliges Kreuz hast du die Welt erlöst.
Leiter: Jesus nahm noch einmal alles, was ihm an Leben geblieben war, zusammen und mit einem Schrei übergab er sich ganz dem Vater. Jetzt bei der zwölften Station wollen wir uns in das Sterben Jesu vertiefen.
Lied: Du wirst, o Herr, ans Kreuz geschlagen,
wirst hingeopfert wie ein Lamm;
du hast die Schuld der Welt getragen
bis an des Kreuzes harten Stamm.
Dein Kreuz, o Herr, will ich erheben
und benedeien deinen Tod.
Von diesem Holz kam uns das Leben
und kam uns Freude in der Not.
Lektor 1: Aus dem Evangelium Jesu Christi nach Lukas (23,44–49) ... Als es Mittag geworden war, wurde es ganz finster. Bis gegen drei Uhr war die Sonne verdunkelt.
Lektor 2: Der Vorhang des Tempels zerriß in der Mitte von oben bis unten, und Jesus rief mit einem lauten Schrei: »Vater, in deine Hände empfehle ich meinen Geist«.
Lektor 3: Und als er das gesagt hatte, verschied er.
Leiter: Jesus ist also gerade gestorben – für uns und für alle Menschen. Wir wollen jetzt den Kopf senken und Gott unser Herz übergeben. Kniend und schweigend wollen wir einen Augenblick in Anbetung verharren.
Leiter: Herr, hilf uns, mit dir zu sterben.
Alle: Herr,/hilf uns,/mit unseren Brüdern und Schwestern mitzuleiden/und unser Leben in ihren Dienst zu stellen.

XII

Leiter: Wir beten dich an, Jerr Jesus Christus, und preisen dich.
Alle: Denn durch dein heiliges Kreuz hast du die Welt erlöst.
Leiter: Jesus und wir mit ihm kommen ans Ende seines Leidensweges. An der dreizehnten Station wird Jesus vom Kreuz abgenommen und auf den Schoß seiner Mutter gelegt.
Lied: Dein Kreuz, o Herr, will ich erheben
und benedeien deinen Tod.
Von diesem Holz kam uns das Leben
und kam uns Freude in der Not.
O seht die Mutter voller Schmerzen,
wie sie den Sohn in Armen hält.
Sie fühlt das Schwert in ihrem Herzen,
trägt mit am Leid der ganzen Welt.
Leiter: Maria, die ihren Sohn bei der Verkündigung durch den Engel Gabriel empfangen hatte, empfängt ihn jetzt wieder auf ihrem Schoß, aber diesmal tot und entstellt. In das Leiden deiner Mutter, Herr, mischt sich die Genugtuung darüber, daß du deine Aufgabe erfüllt hast.
Alle: Daran erkennen wir deine Liebe, Herr:/»Jesus hat sein Leben für uns dahingegeben« (1 Joh 3,16).
Leiter: Jesus, deine Freunde nahmen deinen blutverschmierten und toten Körper vom Kreuz ab. Aber wie viele unserer Brüder und Schwestern werden ans Kreuz geschlagen und müssen dort bleiben, weil sie niemand von ihrem Kreuz befreit.
Alle: Dennoch hören wir:/»Wenn jemand ... sein Herz vor dem Bruder verschließt,/den er in Not sieht,/wie kann da die Gottesliebe in ihm bleiben?« (1 Joh 3,17).
Leiter: Beten wir, Brüder und Schwestern, für die Menschen, die niemand vom Kreuz abnimmt.
Lektor 1: Für alle, die aufgrund von Arbeitsunfällen Verletzungen erlitten oder querschnittsgelähmt wurden.
Alle: Herr,/gib ihnen Trost und Hoffnung!
Lektor 2: Für alle, die von Geburt an oder aufgrund von anderen Unfällen behindert sind.
Alle: Herr,/gib ihnen Mut und Hoffnung!
Leiter: Heilige Maria, du hast deinen Sohn bis ans Ende geholfen, seine Aufgabe zu erfüllen. Hilf auch uns, immer den Willen des Vaters zu tun.
Alle: Heilige Maria, Mutter Gottes,/bitte für uns Sünder/jetzt und in der Stunde unseres Todes. Amen.

XIII

Leiter: Wir beten dich an, Herr Jesus Christus, und preisen dich.
Alle: Denn durch dein heiliges Kreuz hast du die Welt erlöst.
Leiter: Haß war es, der Jesus in den Tod und ins Grab brachte. An der vierzehnten Station betrachten wir, wie der Leichnam Jesu ins Grab gelegt wird.
Lied: O seht die Mutter voller Schmerzen,
wie sie den Sohn in Armen hält.
Sie fühlt das Schwert in ihrem Herzen,
trägt mit am Leid der ganzen Welt.
Er wird der Erde übergeben,
wie man den Weizen bettet ein;
doch wird er auferstehn und leben
und über alles herrlich sein.
Leiter: Alles ist zu Ende, scheinbar. Das Licht der Welt liegt im Dunkel des Grabes. Der, der zu den Mengen des Volkes sprach, ruht im Schweigen des Grabes. Ein Stein wurde vor die Öffnung des Grabes gewälzt.
Alle: Alles ist zu Ende,/scheinbar.
Leiter: Erinnert euch aber daran, daß er gesagt hat: Am dritten Tag werde ich auferstehen. Den ersten von denen, die er erlöst hat, ging er selbst entgegen. Er geht an der Spitze des Zuges, in dem die Lebenden in die Ewigkeit ziehen.
Alle: Im Tod ist er lebendig.
Leiter: Wenn wir mit Christus sterben, werden wir auch mit ihm leben. Hören wir, was der Apostel Paulus im Römerbrief schreibt:
Lektor 1: »Wir wurden mit ihm begraben durch die Taufe auf den Tod; und wie Christus durch die Herrlichkeit des Vaters von den Toten auferweckt wurde, so sollen auch wir als neue Menschen leben« (Röm 6,4).
Alle: Wir werden mit ihm leben.
Lektor 2: »Wenn wir nämlich ihm gleich geworden sind in seinem Tod, dann werden wir mit ihm auch in seiner Auferstehung vereinigt sein« (Röm 6,5).
Alle: Wir werden mit ihm leben.
Leiter: Herr, hilf uns, unseren Weg zu gehen. Hilf uns, unterwegs dich in allen unseren Weggefährten zu erkennen und ihnen zu helfen.
Alle: Herr,/wir wollen dir als einem Lebenden/auf dem Weg der Menschen folgen.

XIV
JLL

Leiter: Wir beten dich an, Herr Jesus Christus, und preisen dich.
Alle: Denn durch dein heiliges Kreuz hast du die Welt erlöst.
Leiter: Wir begleiten Jesus auf seinem Leidens- und Todesweg. Aber wir werden auch mit ihm auferstehen. An der abschließenden fünfzehnten Station meditieren wir, daß Jesus nicht im Tod bleibt, sondern zu neuem Leben auferweckt wird und auch uns neues Leben eröffnet.
Alle: Mit Jesus Christus werden wir auferstehen.
Lied: Er wird der Erde übergeben,
wie man den Weizen bettet ein;
doch wird er auferstehn und leben
und über alles herrlich sein.
Leiter: Aus dem Evangelium Jesu Christi nach Markus (16,1–6). Nachdem der Sabbat vorüber war, kauften Maria aus Magdala, Maria, die Mutter des Jakobus, und Salome wohlriechende Öle, um damit zum Grabe zu gehen und Jesus zu salben. Am ersten Tag der Woche kamen sie in aller Frühe zum Grab, als eben die Sonne aufging. Sie sagten untereinander:
Alle: Wer könnte uns den Stein vom Eingang des Grabes wegwälzen?
Leiter: Doch als sie hinblickten, sahen sie, daß der Stein schon weggewälzt war. Er war sehr groß. Sie gingen in das Grab hinein und sahen auf der rechten Seite einen jungen Mann sitzen, der mit einem weißen Gewand bekleidet war. Da erschraken sie sehr. Er aber sagte ihnen:
Alle: Erschreckt nicht!/Ihr sucht Jesus von Nazaret./Er ist auferweckt worden./Er ist nicht hier./Seht,/da ist die Stelle, wo sie ihn hingelegt hatten«.
Leiter: Der Vater hat seinen Sohn nicht verlassen. Er steht treu zu ihm. Was Jesus in seinem Leben gesagt und getan hat, war nicht falsch. Gott bestätigt es. Er läßt seinen Sohn nicht unter den Toten, sondern führt ihn in ein neues Leben.
Alle: Mit dem auferstandenen Jesus Christus werden auch wir leben.
Leiter: Nur sehen wir den auferstandenen Herrn kaum. Wo lebt der österliche Herr? Wo finden wir Zeichen seines neuen Lebens.
Alle: Der Herr lebt,/wo Menschen sich in der Kraft des Herrn lieben,/wo sie für Gerechtigkeit und Befreiung eintreten/und wo die Gemeinde sich brüderlich begegnet.

Brasilien

2. Gottesdienst zum Jahrestag des Martyriums von Erzbischof Oscar A. Romero
(24. März)

Begrüßung:
Liebe Brüder und Schwestern: zu Beginn dieser Andacht wollen wir euch alle begrüßen und willkommen heißen. Heute, am 24. März, begehen wir den Jahrestag, an dem Oscar Romero ermordet wurde, als er die Messe feierte. Er war zwar Erzbischof von San Salvador, aber auch hier in Guatemala, wie auch in der ganzen Welt, wird seiner gedacht. Er ist wirklich für alle Völker das Beispiel eines »guten Hirten, der sein Leben für seine Schafe hingegeben hat« (Johannes 10,11). Bewundernswert war die enge Beziehung zwischen Romero und seinem Volk. Er kannte sehr gut die Armen seines Landes und durch sie erkannte er Gott. Die Armen von El Salvador kannten ihren lieben Bischof und vertrauten ihm als einem guten Hirten. Durch ihn lernten auch sie Gott kennen, den guten Hirten aller Völker.
In dieser Andacht werden wir sehen, daß das Leben und der Tod Romeros sehr dem Leben und dem Tod Jesu gleicht. Beide waren gute Hirten, geliebt von den Armen und verfolgt von einigen mörderischen Feinden. Monsgr. Romero folgte dem Beispiel Jesu, indem er sein Leben für den Dienst an seinem Volk einsetzte. Und wir kommen hier zusammen, um Kraft zu schöpfen, damit auch wir ihm folgen können.

Gebet:
Gott, unser Vater, wir danken Dir, daß du uns im Leben und im Tod von Oscar Arnulfo Romero, dem Hirten der salvadorianischen Kirche, ein wunderbares Beispiel von Liebe, von Mut und von Hoffnung gegeben hast.
Gib uns Kraft, damit auch wir wie er unserm Volk dienen können, mit unserm Wort, mit unserer Tat und mit unserem ganzen Leben.

Als erste Lesung hören wir einige Worte und Botschaften Romeros:
»Wir glauben an Jesus, der kam, um Leben in Fülle zu bringen. Wir glauben an den lebendigen Gott, der den Menschen Leben schenkt und will, daß die Menschen in Wahrheit leben. Im Na-

men Jesu bejahen wir das Leben und arbeiten wir für das Leben, das mit dem Brot, dem Dach, der Arbeit beginnt.
Wo der Arme zu leben beginnt, wo der Arme sich zu befreien beginnt, wo die Menschen in der Lage sind, sich um einen gemeinsamen Tisch zu setzen, um zu teilen, da ist der Gott des Lebens.
Um den Armen Leben zu ermöglichen, muß man aus dem eigenen Leben hergeben und das Leben selbst hingeben können. Das größte Zeichen des Glaubens an den Gott des Lebens ist das Zeugnis jenes Menschen, der bereit ist, sein Leben zu opfern. »Niemand hat eine größere Liebe als der, der das Leben für seinen Bruder hingibt« (Johannes 15,13). Das sehen wir tagtäglich in unserem Land. Viele Salvadorianer, viele Christen sind bereit, ihr Leben hinzugeben, damit das Leben für die Menschen möglich werden kann. Da folgen sie Jesus nach und zeigen ihren Glauben an ihn«.

Zur Lesung des Evangeliums Johannes 10,10–11:
Im Evangelium erklärt Jesus, daß er gekommen ist, um als guter Hirte den Armen zu dienen. Wenn wir diese Worte hören, denken wir nicht nur an Jesus, sondern auch an Bischof Romero. Beide waren beliebt bei den Armen, beide verfolgt von Feinden.

Dialog:
1. Warum sagen wir, Romero sei wie Jesus ein guter Hirte?
2. Warum waren nicht alle einverstanden mit den Worten Jesu und mit den Worten des Bischofs Romero?
3. Woran erkennen wir einen guten Hirten?
4. Woran erkennt man, daß ein Hirte nicht gut ist?
5. Was müssen wir tun, um das Beispiel Jesu und das Beispiel Romeros nachzuahmen?

Gebet des Volkes:
Gott, unser Vater,
an diesem Jahrestag der Ermordung von Msgr. Romero, der an dich glaubte als den Gott, der den Menschen Leben gibt, der auch gelernt hat, dich in seinem Volk zu erkennen, bitten wir dich um deinen Segen für unser Leben:
Für jene Menschen, in deren Antlitz Romero dich erkannt hat: die Campesinos ohne ein Grundstück und ohne einen festen Arbeitsplatz, ohne Wasser und ohne Licht in ihren armseligen Hüt-

ten, ohne ärztliche Betreuung, wenn die Mütter gebären und ohne Schule, wenn die Kinder heranwachsen;
die Arbeiter ohne Rechte, die von den Betrieben entlassen werden, wenn sie ihre Rechte fordern, die den rücksichtslosen Berechnungen der Wirtschaft ausgeliefert sind;
die Mütter und Frauen der Entführten und der politischen Gefangenen, die Bewohner der Favelas, deren Elend jede Phantasie überschreitet und die permanent durch die Paläste in ihrer Nähe verhöhnt werden.
Gott, unser Vater,
mit Romero hast du uns ein Beispiel des guten Hirten gegeben. Wir sind sehr dankbar für das Geschenk seines Wortes, seines Lebens und seines Todes aus Liebe zu seiner Herde.
Hilf uns, dieses Beispiel als eine Kostbarkeit in unserem Herzen zu bewahren und es nachzuahmen durch eine tägliche Hingabe zum Wohl unseres leidenden Volkes.
Darum bitten wir dich durch die Fürbitte von Msgr. Romero und durch Jesus Christus, unsern Herrn.

Guatemala

3. Mittelamerikanische Liturgie

(Eine Meditation über unsere Volksorganisationen und die Märtyrer unseres Volkes.)

Wir wollen heute über die Volksbewegungen meditieren: In der Kirche schauen wir oft mit Mißtrauen auf sie, denn sie tragen nicht das Etikett: »christlich«, denn sie sind nicht mehr die »christlichen« politischen Organisationen, die die frühere Etappe des christlichen Aufbruchs in Lateinamerika kennzeichnen. Vielleicht können die Worte Jesu uns helfen, über unser Mißtrauen nachzudenken, um es in Vertrauen umzuwandeln. Unser Bibeltext steht Luk. 9,49–50: »Da hob Johannes an und sprach: Meister, wir sahen einen, der trieb böse Geister aus in Deinem Namen; und wir wehrten ihm, denn er folgt Dir nicht mit uns. Und Jesus sprach zu ihnen: wehret ihm nicht! denn wer nicht wider euch ist, der ist für euch.«
Laßt uns schweigend einige Augenblicke darüber nachdenken.

In der Kirche möchten wir manchmal ein Monopol festhalten, nicht nur, was die Arbeit in Jesu Namen angeht, sondern auch für die Arbeit zur Erlangung von mehr Menschlichkeit. Die Organisationen des Volkes führen ihre befreiende Praxis aus im Namen der Menschlichkeit. Sind wir fähig, ihre Arbeit als die Anstrengungen der Liebe, als die Praxis der Gerechtigkeit zu akzeptieren? Sind wir fähig zu erkennen, daß sie für uns sind, und werden wir uns nicht selbst quälen damit, daß sie engagierte Christen anziehen?

Unsere Märtyrer sind in gleicher Weise Märtyrer unserer Völker. Sie gehören zu ihnen. Manchmal erinnern wir uns nur an die Märtyrer unserer christlichen Gemeinden. Heute wollen wir uns aber an die Märtyrer unserer Basisgemeinden und an die anderen Märtyrer unserer Volksorganisationen erinnern. Laßt uns sie alle gemeinsam in einer einzigen Umarmung der Solidarität und der Sympathie umfassen. Laßt uns ihre Gegenwart feiern als eine Verstärkung unseres eigenen Wunsches, ihren Kampf fortzusetzen. Nach jedem Aufruf laßt uns alle sagen: *Sie sind unter uns!*

Tausende von Märtyrern unter der Bevölkerung von Haiti
Sie sind unter uns!

Tausende von Märtyrern in dem Freiheitskampf des dominikanischen Volkes 1965
Sie sind unter uns!
Die Unterdrückten der Agrarligen in Paraguay
Sie sind unter uns!
Die Ermordeten, Gefangenen, oder Verschleppten in Uruguay
Sie sind unter uns!
Die Gefolterten, Ermordeten oder Verschwundenen in der Marine-Schule in Buenos Aires
Sie sind unter uns!
Die Gefolterten, Erschlagenen oder Verschwundenen aus dem Nationalstadion in Santiago, Chile, 1973
Sie sind unter uns!
Victor Jara, der Minnesänger des Lateinamerikanischen Volkes
Er ist unter uns!
Die Ermordeten des Massakers von Tlatelolco, Mexico, 1968
Sie sind unter uns!
Die im Tiradentes-Gefängnis in Brasilien von 1968–1973 Gefolterten und Verschwundenen
Sie sind unter uns!
Hector Gallego, 1971 in Panama ermordet
Er ist unter uns!
Salvador Allende
Er ist unter uns!
Die Angestellten von Ingenio Astra, die in Ecuador umgebracht wurden
Sie sind unter uns!
Die beiden Abgeordneten von MAS, die in Venezuela zu Tode gefoltert wurden
Sie sind unter uns!
10000, 20000 oder vielleicht 30000 Todesopfer des Landarbeiter-Aufstandes in El Salvador in 1932
Sie sind unter uns!
Die zwanzig Getöteten während des nationalen Lehrerstreiks in Peru 1979
Sie sind unter uns!
Die bei den Massakern von El Valle und Todos los Santos in Bolivien Ermordeten
Sie sind unter uns!
Die während des Bananen-Arbeiterstreiks in Limón, Costa Rica 1979 Niedergemachten
Sie sind unter uns!

Die in Mexico verleumdeten und ermordeten Priester Rodolfo Aguilar und Rodolfo Escamillá

Sie sind unter uns!

Die mehr als 30000 Indios, die bei der Unterdrückung des sich erhebenden Volkes von Guatemala in der Zeit von 1963 bis 1980 getötet wurden

Sie sind unter uns!

Camilo Torres Restrepo und Tausende von kolumbianischen Märtyrern

Sie sind unter uns!

Ernesto Che Guevara

Er ist unter uns!

Iván Betancourt, Casimiro und zwölf Genossen, die den Märtyrertod in Olancho, Honduras, 1975 erlitten

Sie sind unter uns!

Die 3252 Menschen, die 1979 durch die Todesschwadron in Guatemala ermordet wurden

Sie sind unter uns!

Die Märtyrer, die während der friedlichen Demonstration der Volksunion am 22. Januar 1980 in El Salvador umgebracht wurden

Sie sind unter uns!

Die Märtyrer des Volkes von Ixel und Quiché, die lebendig in der spanischen Botschaft von Guatemala am 31. Januar 1980 verbrannt wurden

Sie sind unter uns!

Die 40000 Märtyrer des Freiheitskampfes in Nicaragua

Sie sind unter uns!

Herr, halte in uns lebendig die subversive Erinnerung an die Märtyrer unserer Volksorganisationen.

Laßt uns nun einen Absatz lesen aus der Predigt, die Pater Rutilio Grande, ein Märtyrer von El Salvador, gehalten hat. Er sagte, ungefähr einen Monat bevor er am 12. März 1977 ermordet wurde: »Meine Brüder und Schwestern, manche Menschen möchten einen Gott oben in den Wolken haben. Sie wollen Jesus von Nazareth nicht, der ein Ärgernis für die Juden und Torheit für die Heiden ist. Sie wünschen sich einen Gott, der sie nicht infrage stellt, der sie ruhig und zufrieden sein läßt, der nicht die vorwurfsvollen Worte spricht: ›Kain, wo ist dein Bruder Abel? Was hast du getan?‹

Es gibt keine Rechtfertigung, das Leben des Volkes zu vernich-

ten. Es gibt keine Rechtfertigung, seinen Fuß auf den Nacken irgendwelcher Menschen zu setzen, andere Menschen zu erniedrigen und zu beherrschen. In der Christenheit müssen wir bereit sein, unser Leben hinzugeben im Dienst für ein System der Gerechtigkeit, um andere zu retten und um die Werte und Zielvorstellungen des Evangeliums lebendig zu erhalten.« Darum: möge die Kirche der Armen, die nun entsteht, solidarisch sein mit den Organisationen unserer Völker!
Möge die subversive Erinnerung der Märtyrer unserer Volksorganisationen lebendig in uns bleiben!

Brasilien

---

4. Gott, schicke uns engagierte Menschen

Gott, schicke uns engagierte Menschen,
solche, die sich voll und ganz einsetzen,
die sich selbst vergessen,
die lieben, nicht nur mit schönen Worten,
sondern in Wahrheit und mit Taten,
die ihr Leben hingeben, wahrhaftig und restlos.
Schenke uns engagierte Menschen,
in die Wahrheit verliebt,
die den Frieden lieben,
mit reinem Gewissen,
entschlossen, nie untreu zu sein,
freie, spontane und standhafte Menschen,
zärtlich und stark.
Darum bitten wir dich, im Namen Jesu Christi, deines Sohnes und unseres Bruders.

Guatemala

VI Vergewisserung auf dem Wege

Die Befreiung wird kommen
Die Vergebung der Sünden
Die neue Sonne wird uns führen
Denn so sehr liebt uns Gott

Aus: Vamos Caminando, Peru

1. Brief an Gott

12. September 1970

Mein lieber Gott,
schon seit langem wollte ich Dir schreiben. Heute fühle ich ein echtes Bedürfnis nach Dir und Deiner Gegenwart, vielleicht, weil der Tod nahe ist oder weil der Kampf bedingt erfolgreich ist. Du weißt, daß ich stets versuche, Dir treu zu bleiben – immer und unter allen Umständen –, und daß dies im Einklang mit meinem ganzen Sein steht. Deshalb schreibe ich Dir heute. Ich begreife Liebe als eine Notwendigkeit, die Probleme des »anderen« zu lösen – denn in dem anderen bist ja Du gegenwärtig.
Was ich besaß, habe ich verlassen und bin hierher gekommen. Vielleicht ist heute mein Gründonnerstag und diese Nacht mein Karfreitag. Aus Liebe zu Dir lege ich alles, was ich bin, in Deine Hände, denn mein Vertrauen in Dich ist grenzenlos. Schmerzlich ist mir nur der Gedanke, daß ich die verlassen muß, die ich am meisten liebe – Cecy und meine Familie –, und daß ich vielleicht den Triumph des Volkes – seine Befreiung – nicht mehr erleben kann.
Unsere Gruppe ist ganz erfüllt von einer »christlichen« Humanität, und ich glaube, daß dies allein schon den Lauf der Geschichte ändern wird. Dieser Gedanke tröstet mich. Ich liebe Dich, und ich gebe Dir alles, was ich bin und was wir sind, ohne Vorbehalt, denn Du bist mein Vater. Kein Tod ist bedeutungslos, wenn das Leben voller Bedeutung gewesen ist, und ich glaube, dies trifft auf uns hier zu.
Chau, Señor, vielleicht sehe ich Dich in Deinem Himmelreich wieder oder in der neuen Welt, die wir so sehr herbeisehnen.

Nestor Paz Zamora, Bolivien

2. Geheiligt werde dein befreiendes Eingreifen

Vater,
du bist nicht an erster Stelle unser Richter und Herr,
sondern
unser Vater,
denn du hörst das Schreien deiner unterdrückten Kinder.
Du bist im Himmel,
wohin wir im Kampf unseren Blick richten.
Geheiligt
werde dein befreiendes Eingreifen gegen die,
die in deinem Namen die Menschen unterdrücken.
Es komme zu uns,
angefangen mit den Verarmten, deine Gerechtigkeit.
Es geschehe
die Befreiung durch dich, angefangen auf der Erde
bis hin zum Himmel.
Das tägliche Brot,
das wir gemeinsam bereiten, gib du es uns
und laß es uns auch gemeinsam essen.
Vergib uns
unseren Egoismus – in dem Maße, in dem wir
den kollektiven Egoismus bekämpfen.
Und führe uns nicht in Versuchung,
die Menschen auszubeuten, um Reichtum anzuhäufen.
Sondern befreie uns
von der Rache und vom Haß gegen den Bösen,
der unterdrückt und erdrückt.

Leonardo Boff, Brasilien

3. Deinen Schritten will ich folgen

Herr, je weiter ich gehe,
desto länger wird der Weg.
Ich stolpere über Dornen,
über ein Feld, auf dem man erstickte
die Stimme der Befreiung.

Aber ich steh' wieder auf und bin nicht allein.
Du begleitest meine Schritte.
Auf der Erde wird gesät werden der Friede,
der uns geschenkt wird bei jedem Brechen des Brotes.

Ich kann nicht still stehen.
Dein Leib gibt mir Mut.
Das Bild so vieler Brüder,
die das Heil nicht sehen,
zeigt mir dein Blut.

Deinen Schritten will ich folgen.
Frieden will ich verteilen.
Und wenn die Welt das Evangelium kennt,
wird sie endlich verwandelt sein
in Frieden und Heil.

Brasilien

4. Bußakt der streikenden Metallarbeiter

Priester: Angst und Ungewißheit herrschen über die Menschen von heute. Tod, Elend, Ungerechtigkeit und Unterdrückung bringen Unsicherheit.
Alle: Christus teilte, indem er starb, die Leere, die Verlassenheit, den Tod. Seine Auferstehung gibt uns die Gewißheit einer neuen Lebensweise.

Priester: Deshalb müssen wir unseren Kampf fortsetzen: Ihr Euren Weg, und wir durch alle mögliche Unterstützung.
Alle: Wir setzen unseren Weg fort, weil wir an dieser Situation der Sünde nicht teilhaben wollen. Sie wird durch ungerechte Systeme geschaffen, die das Leben und die Würde des Menschen zerstören.
Wir setzen den Weg fort, weil heute Menschen sterben, so wie Jesus, als Opfer ungerechter Situationen. Wir fahren fort, weil wir zu sehen wünschen, daß der Reichtum besser verteilt wird und genügend Brot auf unseren Tischen ist.
Priester: Mit welchen Waffen werden wir den Kampf fortsetzen? Sicher nicht mit den Waffen, die verletzen und töten!
Alle: Wir werden weiter kämpfen, doch nicht mit den Waffen der Gewalt. Unsere Waffen sind Einigkeit und Organisation. Unsere Parole ist: stets geeint bleiben. Unsere Einigkeit ist wie Jesus: Same des Lebens in der Geschichte der Arbeiter der ABC Städte. (In den Städten Santo André, São Bernardo, São Caetano bei São Paulo befinden sich die meisten Automobilwerke Brasiliens).
Priester: Möge der Herr stets auf Eurer Seite stehen und Euch auf diesem Weg und in diesem Vorsatz bestärken: *die Rechte des Menschen ohne Waffengewalt aufzurichten.* Möge der Herr uns schützen.
Herr, erbarme dich – Christus, erbarme dich.

Brasilien

---

5. Die Befreiung wird kommen

(Lieder der Campesinos)

Sie sagen uns, wir sollten schön ruhig weiterleben,
sie sagen uns, daß du die Armen tröstest,
aber damit werden wir von Schlaubergern ausgenützt,
damit sind die Reichen die Herren.
Das ist nicht dein Reich Herr, diese Erde ist nicht dein Reich.
Wenn wir in das Leben hinausgehen,
gewappnet mit der Liebe zu dir,
einmütig alle,

und die Unterdrückung des Unterdrückten abschaffen,
unser Haus dem Fremdling öffnen,
dann wird die Erde beginnen,
Herr, dein Reich zu sein.

Lukas 1,68–79
Ich singe dem Gott des Volkes, denn er kam uns zu Hilfe.
Stark sind wir Armen, denn er hat uns den Retter gegeben.
Seine Propheten hatten schon lange vorher von ihm gesprochen:
Von den Feinden und Bedrückern würde er uns befreien.
Du, Kind, wirst der große Prophet des Herrn genannt werden,
denn du sollst unter den Armen seinen Weg bereiten.
Und die Befreiung wird kommen, die Vergebung der Sünden,
die neue Sonne wird uns führen, denn so sehr liebt uns Gott.

Für dich, mein Gott, gehe ich und besinge die Freude,
dein Zeuge zu sein, o Herr.
Feuer ist dein Wort, das mir den Mund verbrannte,
meine Lippen sind Flammen und Asche meine Stimme.
Furchtbar ist es, dich zu verkünden,
aber du sagst mir: Sei nicht furchtsam, ich bin bei dir.
Du befiehlst, daß ich dir singe mit voller Stimme,
ich weiß nicht, wie ich singen soll von der Kunde deiner Liebe,
die Leute fragen mich, welchen Auftrag ich hätte.
Ich sage: Zeuge zu sein.

Herr, Freund,
du hast mich bei der Hand genommen,
nimmst mich mit bis ans Ende meines Weges.
Es sind die Spuren des Herrn,
die zurückbleiben auf dem Weg,
es sind Sterne
die in der Nacht leuchten werden.
Mein Schicksal ist zu wandern,
meine Sehnsucht ist es anzukommen,
meine Freude ist es,
deine Freundschaft zu spüren.

Peru

6. Herr Jesus, mein Krieg und mein Frieden

Herr Jesus!
Meine Kraft und mein Scheitern
bist Du.
Mein Vermögen und meine Armut.
Du, meine Gerechtigkeit, Jesus.
Mein Krieg und mein Frieden.
Meine unbegrenzte Freiheit!
Mein Tod und mein Leben,
Du.
Wort meiner Schreie,
Schweigen meines Wartens,
Zeuge meiner Träume,
Kreuz meines Kreuzes!
Anlaß meiner Bitterkeit,
Vergebung meiner Ichsucht,
Verbrechen meiner Anklage,
Richter über meine Reue,
Grund meiner Hoffnung,
Du!
Mein verheißenes Land
bist Du.
Auferstehung meiner Auferstehung,
Unsere Herrlichkeit,
auf ewig,
Herr Jesus!

Dom Pedro Casaldáliga, Brasilien

7. Der Gott, dem ich vertraue

Ich vertraue dem Gott der Mutter Theresa in Kalkutta. Sie hat schon mehr als 23000 vom Hungertod Bedrohte in ihrem Haus aufgenommen. – Ich vertraue dem Gott Juvenals. Er hat die Landarbeiter zu einer Gemeinschaftsaktion veranlaßt, um einem kranken Kollegen zu helfen.

Ich vertraue dem Gott der Lúcia. Sie ist Prostituierte und setzt sich für die Freilassung einer verhafteten Kollegin ein.

Ich vertraue dem Gott der Dona Agueda. Sie trinkt Schnaps, bevor sie dem verlassenen Krebskranken den Verband erneuert.

Ich vertraue dem Gott von Dom Pires, der schon den vierten Hirtenbrief zur Unterstützung der unterdrückten Landarbeiter verfaßt hat. – Ich vertraue dem Gott der alten Leonarda, die alle Tage den Kindern und Nachbarn Kaffee macht und an die Bedürftigen ein Mittagessen austeilt mit dem Kommentar: ›Das müssen wir tun!‹. – Ich vertraue dem Gott der Dona Juliana, die überall mit dabei ist: im Vergnügungsviertel, in der Favela, im Gemüsegarten, in der Pastoral, bei Protestversammlungen. – Ich vertraue dem Gott von Zeca, der den Kameraden gestanden hat, dem Patron in die Hand gespielt zu haben, um einem Anwohner zu schaden.

Ich vertraue dem Gott von Dr. Mario Carvalho de Jesus, der die Streikenden von Perús verteidigt hat. Er will die Welt durch gewaltfreien Widerstand verändern.

Ich vertraue dem Gott des Dr. Fernandes, der seit 1969 kostenlos die Mädchen aus dem Vergnügungsviertel behandelt.

Ich vertraue dem Gott des Roger Schutz, protestantischer Christ aus der Gemeinde von Taizé, der mich umarmte und sprach: ›Dein Bischof Dom Fragoso ist mein Lehrmeister im Denken.‹

Ich vertraue dem Gott von Papst Paul VI., der als Modell christlichen Lebens den politischen Gefangenen Max Kolbe vorstellt, jenen Priester, der den Hungertod in Block 13 starb anstelle eines Familienvaters, des Serganten Franciszek Gajowniczek.

Ich vertraue dem Gott von Anette und Rita, die seit 25 Jahren gelähmt sind und sich aufopfern für die Mission der Padres.

Ich vertraue dem Gott der Dona Raimundinha, die, verlassen von ihrem Mann, seit 20 Jahren mit ihren zwei Kindern allein lebt und schweigend unser Abendbrot zubereitet.

Fredy Kunz, Brasilien

8. Ich stieg hinab zu meinen Brüdern

(Geträumter Psalm)

»Richtet euch auf und erhebet eure Häupter, denn eure Befreiung ist nahe.« *(Lk 21,28)*

In meinen Träumen hörte ich die Stimme eines Menschen, die sagte: »Wer wird uns erlösen?«

Es waren Menschenmengen, die kamen von überall her: aus dem Westen, aus dem Osten, aus Ceará und Kambodja,
aus Brasilien, aus der ganzen Welt.

Es waren Menschen: Sklaven, Tagelöhner, Bauarbeiter, Kleinbauern, Prostituierte, Kinder im Elend, ausgesetzt,
in Lumpen.
Nur Menschen in teurer Eleganz gekleidet, die sah ich nicht; es schien, als ob es sie nicht gäbe.

Und dann ließ sich hören die Stimme des Herrn, die sprach:
»Ihr seid meine Hoffnung,
ihr seid mein auserwähltes Volk,
ihr seid die Sicherheit meiner Erlösung,
denn ich bin der Gott der Schwachen,
und in euch werde ich die Verheißung meines Bruders erfüllen.
Ich schwöre bei mir – Wort des Herrn –:
die euch ausbeuten,
sie sind für mich wie ein Sandkorn in der Wüste,
denn ihr seid mein Volk.«

Ich verstand nicht, aber versuchte, mich selbst zu verlassen.
Ich stieg hinab zu meinen Brüdern,
weil ich aus ihnen etwas machen wollte.
Doch ich schaffte es nicht.

Ich habe mich entschieden, zu bleiben.
Und da begann ich, vieles zu verstehen:
die Freude des Nicht-Habens, das Glück des Kämpfens,
die Genugtuung, zu geben, die Mission, zu befreien.

Brasilien

9. Ich will Gerechtigkeit und nicht Totenmessen

(Litanei in der Notzeit)

»Bis wann, o Gott,
wird der Unterdrücker fluchen?
Bis wann?«
(Psalm 73,10)

Und meine Kirche verließ die Sakristei.
Sie hörte auf, ihre Zeit zu verbringen
mit dem Spenden von Weihwasser als Medizin der Armen.
Sie hörte auf, Ablässe auszuteilen,
als seien es Aspirinschachteln.
Sie hörte auf, die Kerzen an einem Feuer anzuzünden,
das gar nicht in Flammen auflodert.
Sie hörte auf, das Evangelium
in Kinderköpfe hineinzutrichtern,
als handele es sich um einen Impfstoff.
Sie hörte auf, den Obulus für die Priester
und die Erstlingsfrucht der Erde von denen zu fordern,
die weder Geld noch Ernte haben.
Sie hörte auf, nur von Strafe, Hölle und Fegfeuer zu predigen,
und hat es endlich gewagt, auch das Paradies zu erwähnen.
Sie hörte auf, Menschen nur für das Jenseits vorzubereiten.
Sie gab es auf, der Anpassung, dem Fatalismus
und der Ergebung in das Schicksal zuzustimmen.
Sie ging hinaus.
Sie verließ ihre Sakristei voller Spinngewebe.
Und sie begab sich hinaus auf die Suche nach dem anderen.
Sie zog hinaus auf die Suche nach dem Nächsten.
Sie machte sich auf den Weg, auf die Suche nach dem,
der in der Ferne ist.

»Mit Gerechtigkeit wird er das Volk
der Demütigen richten,
er wird die Kinder der Armen retten,
er wird ihre Henker zu Boden strecken«
(Psalm 71,3)

Und sie hat eingesehen, daß der andere nicht der ist,
bei dem sie sich wie zu Hause befindet.
Sie hat wahrgenommen, daß der Nächste den fernen Nächsten mit einschließt.
Sie hat es verstanden, daß der andere draußen zu finden ist,
– (»wenn ihr nur die liebt, die euch lieben,
welche Belohnung könnt ihr erwarten?«) –
abseits vom eigenen Weg, weit weg von der vertrauten Umgebung.
Sie hat es eingesehen, daß jener ihr Nächster ist,
dem sie unterwegs begegnet.
Sie hat es verstanden, daß das Evangelium
die Stimme der Stummen ist.
Sie hat es eingesehen, daß die Frohbotschaft
die Macht der Ohnmächtigen ist.
Und sie hat das Evangelium auf neue Weise gelesen.
Da hat sie eingesehen,
daß sie eine Entscheidung, eine Wahl treffen muß,
daß sie wählen muß zwischen ihrer vertrauten Welt
und der Welt des anderen.
Sie hat eingesehen, daß sie wählen muß
zwischen den eigenen Interessen
und den Anliegen des anderen.
Sie hat eingesehen, daß sie wählen muß
zwischen der Sakristei und der Welt.

> »Er wird herrschen vom Meer bis zum Meer,
> vom Fluß bis zum Ende der Erde.
> Vor ihm wird die Bestie sich beugen,
> seine Feinde den Staub fressen.«
> (Psalm 71,8–9).

Und meine Kirche hat die Entscheidung getroffen.
Meine Kirche hat gewählt, sie hat sich entschlossen.
Sie hat sich für den Nächsten entschlossen.
Sie hat den anderen gewählt.
Sie hat sich entschieden für den, der in der Ferne ist.
So ist sie hineingekommen in eine Welt der Konflikte,
in eine harte und ungemütliche Welt,
ganz anders als die der Sakristei.
Sie zog hinaus zum anderen auf die Felder,
auf die Bauernhöfe, in die Betriebe,

in die Sägewerke, in die Fabriken, auf den Marktplatz.
Sie hat diesen anderen zum Bewußtwerden angeleitet.
Sie hat ihm nahegebracht, daß er kein Esel,
keine Maschine, kein Instrument ist.
Sie hat ihm nahegelegt, daß er ein Mensch,
das Ebenbild Gottes ist.
Sie hat ihn darin bestärkt, daß er seine Würde verteidigen muß.
Sie hat ihm gezeigt, wie er das am besten machen kann.
Sie hat ihn auf Selbstachtung hingewiesen.
Sie hat ihm die Lehre verkündet über die Pflicht,
sich mit den Mitmenschen zusammenzuschließen,
um sich gemeinsam vor den Ausbeutern schützen zu können.
Sie hat ihm verkündet, daß in der Gemeinschaft
die neue Kraft zum Ausdruck kommt.
Sie hat ihn lesen und schreiben gelehrt.
Sie hat ihm ans Herz gelegt,
daß er nicht tatlos sitzen bleiben darf.
Sie hat ihm zu erkennen gegeben,
daß die Einheit des Volkes eine unüberwindliche Macht ist.
Und so begann der andere Schritt für Schritt
sein Haupt zu erheben.

»Richtet zugunsten des Schwachen
und des Waisenkindes,
befreiet den Geschwächten
und den Verarmten aus den Krallen
der Gotteslästerer; befreit sie!«
(Psalm 81,3–4)

Deswegen hat sie die Hölle auf's Korn genommen:
man hat meiner Kirche nachgesagt,
sie sei kommunistisch, subversiv,
sie sei eine Agentin der C. I. A.
Man hat sie beschuldigt,
Waffen zu sammeln für die Revolution.
Man hat ihr vorgeworfen,
sie predige den Haß, den Klassenkampf.
Man hat sie der Agitation, der Gewalt, der Guerilla beschuldigt.
Man hat noch schlimmere Schimpfworte verwendet.
Und so haben sie meine Kirche des Landes verwiesen.
Sie haben Kinder in Massen ermordet.
So begann das moderne Martyrium meiner Kirche.

Hector Gallego, Nestor Paz, Camilo Torres
(»der Märtyrer des Christus der Zukunft«).
Tito de Alencar Lima, Carlos Mugica, Iván Betancourt,
Rutilio Grande, Manuel Solórzano
und viele andere, unzählige mehr.
Es sind die Kleinen Propheten Lateinamerikas aufgetaucht:
Hélder Câmara, Leonidas Proaño, Gustavo Gutiérrez,
Sergio Méndez Arceo und viele, viele mehr.
Das und vieles mehr hat meine Kirche gestärkt
auf ihrem Weg zur Befreiung.
Einige wurden ermordet, andere gefoltert
und unzählige mehr wurden verstümmelt, vernichtet.
Einige wurden gefangengenommen, andere ausgewiesen
und unzählige mehr sind »verschwunden«.
Viele, sehr viele wurden verleumdet
und gegen unzählige andere macht sich die Lüge breit.
Aber meine Kirche geht ihren Weg weiter.

»Erhebe dich, oh Gott,
und richte die Erde, denn du bist
der Herr der Völker«
(Psalm 81,8)

Der Preis ist sehr hoch.
Viel Blut ist vergossen worden.
Und meine Kirche, sie steht noch ständig in der Versuchung,
nach hinten zu schauen,
wieder in die Sakristei zurückzukehren,
noch mehr Weihwasser zu segnen,
noch mehr Medaillen zu verteilen,
noch mehr Totenmessen zu feiern,
wieder ... Doch, nein! Denn »wer die Hand an den Pflug legt
und sich nach hinten wendet,
ist des Himmelreiches nicht würdig«.
Und sie hat sich an Ihn erinnert,
daß auch Er als Subversiver, Unruhestifter, Revolutionär
behandelt wurde,
und das bereits vor zweitausend Jahren.
Ja, es hat sich nicht viel geändert.
»Wenn sie mich verfolgt haben,
so werden sie auch euch verfolgen.«
Ihn haben sie ermordet, aber nicht seine Botschaft.

Sie haben viele Glieder meiner Kirche ermordet,
aber nicht die von ihnen verkündete Botschaft.

»Richte dich auf, o Herr,
und rette mich!
Du gibst allen meinen Feinden
eine Ohrfeige,
du schlägst den Gottlosen
die Zähne aus« (Psalm 3,8)

Und meine Kirche geht ihren Weg weiter.
Der Mensch wird frei sein,
er wird die Sklaverei, das Elend, die Abhängigkeit
hinter sich lassen.
Meine Kirche ist zum Stein des Anstoßes geworden,
sie erweckt Widerspruch und Ärgernis.
Sie ist nämlich Heil für viele
und auch Verderben für viele andere.
Das ist meine Kirche!
Diese Kirche wünsche ich mir, diese Kirche liebe ich!
Für diese Kirche setze ich mich ein, denn zu ihr gehöre ich!
Aus einem tiefen Schacht, unweit von Olancho,
am Rande des Lepaguare-Tals,
kam eine laute, deutliche, herausfordernde Stimme hervor.
Der Laut riß den Schacht auf, erschütterte Erde und Steine.
Und die Stimme ließ sich hören:
»Ich will Gerechtigkeit und nicht Totenmessen!«
Man wollte sie zum Schweigen bringen, sie vergraben, sie ersticken.
Sogar mit Dynamit ist man vorgegangen:
noch mehr Erde, noch mehr Gestein wurde aufgeschüttet
und abermals explodierte der Sprengstoff.
Doch, die Stimme ruft weiterhin deutlich:
»Ich will Gerechtigkeit!«

El Salvador

VII Bekenntnisse im Befreiungskampf

Ich glaube an Gott
Der an den Menschen glaubt

Ruben Bareiro Saguir, Paraguay

1. Ich glaube an deinen Kampf, an deine Auferstehung

Herr, ich glaube ganz fest · daß aus deinem verschwenderischen Geist · diese ganze Welt geboren wurde · daß aus deiner Künstlerhand · der Hand eines einfachen Malers · all die Schönheit erblühte · die Sterne und der Mond · die Hütten und die Seen · die kleinen Schiffe · die den Fluß hinunter · dem Meer zufahren · die weitläufigen Kaffeehaine · die weißen Baumwollfelder · und die Wälder · die verbrecherisch verstümmelt wurden.

Ich glaube an dich · du Architekt und Ingenieur · du Handwerker und Zimmermann · du Maurer und Bildner · Ich glaube an dich · du Baumeister des Denkens · der Musik und des Windes · des Friedens und der Liebe.

Ich glaube an dich, Christus Arbeiter · du Licht vom Licht · und wahrhaftig eingeborener Sohn Gottes · der du, um die Welt zu erretten · im demütigen, reinen Schoß Marias · Fleisch geworden bist · Ich glaube · daß du geschlagen wurdest · verspottet und gefoltert · am Kreuz den Tod erlitten hast · unter Pontius Pilatus · dem römischen Imperialisten · dem herzlosen Heuchler · der mit dem Händewaschen · seinen Fehler bereinigen wollte.

Ich glaube an dich, Genosse · Christus Mensch, Christus Arbeiter · Sieger über den Tod · Mit deinem unermeßlichen Opfer · hast du den neuen Menschen geschaffen · für die Befreiung · In jedem Arm, der sich erhebt · um das Volk gegen die ausbeuterische · Herrschaft zu verteidigen · erstehst du neu · denn du lebst mit uns in der Hütte · in der Fabrik und in der Schule · Ich glaube an deinen Kampf ohne Rast · ich glaube an deine Auferstehung.

Nicaragua

2. Wer ist unser Gott?

Unser Gott ist ein Gott, der rettet,
der kein Weihwasser braucht,
auch keine Kerzen und auch keine Gelegenheitstränen.

Unser Gott ist ein Gott der Gerechtigkeit
und des Friedens ohne Propaganda.
Er kleidet sich sehr einfach
und geht mit Menschen um, die in Würde leben.
Bei den meisten Menschen wird er nicht angenommen.
In die Paläste der Lüge kehrt er nicht ein
und ist auch nicht das Eigentum einer Nation.
Er ist gern da, wo man ein Glas Wasser reicht
und wo man abends zusammen am Feuer sitzt.
Er zieht gern durch jede Stadt der Welt,
sei sie kapitalistisch, sozialistisch oder kommunistisch,
aber da geht er meistens die verbotene Richtung.

Unser Gott ist der liebende Gott,
der im Herzen der ganzen Welt und eines jeden Menschen wohnt.
Er spricht durch Menschen, die die Wahrheit sagen,
und teilt das Brot der Welt am Tisch der Armen.
Sein Name ist »Heiland«, »Kraft«, »Mut«, »Feuer«, »Zärtlichkeit«
Er redet durch den Mund der ganzen Welt
und ist als Herz aller Dinge im tiefsten Innern aller Wesen.
Seine alles durchdringende Botschaft wurde uns mitgeteilt
durch Jesus Christus.

Brasilien

3. Wir glauben an den befreienden Gott

Ich glaube an Gott, den Schöpfer des Lebens, der die Schöpfung aufrechterhält und sie vor der Vernichtung bewahrt.
Der uns die Aufgabe gibt, die Schöpfung zu bearbeiten, zu bewahren und zu bereichern.
Der uns zu einem Leben des Gehorsams ruft, zu seinem Dienst unter den Menschen.
Der uns leitet durch die Widersprüche und Gegensätze dieser Welt.
Der durch seinen Geist die Christen zusammenführt und seine Kirche bewahrt.
Der seine Kirche erneuert, damit sie eine exemplarische Gemeinschaft unter den Menschen ist.
Der uns in Jesus Christus den neuen Menschen offenbart, der liebt und für die andern lebt.
Der die Ungerechtigkeit und auch die Scheinheiligkeit nicht duldet, der uns vor dieser Gefahr bewahren will.
Der uns zurechtweist und richtet in unserer Mittelmäßigkeit.
Der uns Kraft gibt, inmitten widriger und gefährlicher Umstände zu kämpfen.
Der uns im Kampf von jedem Haß befreit.
Der zu allen Zeiten Menschen aufstehen läßt, um gegen die Ungerechtigkeit und die Unterdrückung zu kämpfen.
Der auch uns Tag für Tag erneuert in der Hoffnung auf sein Reich, das kommen wird: ein Reich der Liebe, das sich heute schon offenbart und das sich in aller Fülle noch offenbaren wird.

Mexico

4. Ich glaube an Gott, der an den Menschen glaubt

Ich glaube an Gott,
der an den Menschen glaubt.
Ich glaube anGott,
der Mensch wurde,
um den Menschen zu Gott zu machen,
den er nach seinem Ebenbild schuf.
Er gab ihm die Freiheit,
er legte in seine Hand das Feuer,
um auf der Erde
seine Stätte des Friedens zu bereiten.
Ich glaube an Jesus Christus, seinen Sohn,
menschliche Spur Gottes,
der kämpfte und
in jedem gerechten Menschen weiterlebt,
der sich erhebt und fällt,
der fällt und sich erhebt,
um das Volk zu retten,
der für alle seine Brüder sein Blut vergoß.
Ich glaube an den Geist Gottes,
der in den Poren der Seele keimt,
der in der Menschenmasse sich entfaltet,
der im leichten Wind ist
und der in den Sturmwinden wohnt,
die die Massen mitreißen,
Gerechtigkeit zu fordern.
Ich glaube an Jesus Christus, den Sohn,
den armen Anführer des Volkes,
sein Herzblut fließt noch immer
mit jedem Gerechten,
der getötet wird.
Jeden Tag wird er aufs neue geboren,
erhebt sich aus dem Staube,
im Volke geht er auf,
heute ist er das ewige Leben.
Ich glaube an den Geist,
an sein Flüstern, seine Schreie,
sein Pochen im Wein

sein Knistern im Feuer,
kristallener Reif,
Pflug, Sohn des Schwertes,
die Freiheit des Menschen.
Es wird das gesamte Volk
ein neuer Christus sein
auf seinem unaufhaltsamen Weg
in eine offene Zukunft,
immer zum Sieg,
damit die Morgendämmerung komme,
das unaufhaltsame Volk,
das sein Blut vergoß
für alle seine Brüder.

Rubén Bareiro Saguir, Paraguay

5. Wir glauben, daß Gott die Liebe ist

Wir glauben,
daß Gott die Liebe ist. Und die Liebe schuf (und schafft weiterhin) die Welt durch die Evolution. Die Welt durch die Evolution schaffen, bedeutet, sie durch die Liebe zu schaffen. Die Atome vereinen sich und bilden die Moleküle; die Moleküle vereinen sich und bilden die Zellen; die Zellen vereinen sich und bilden einen Organismus, und so weiter, bis zum Menschen. Und der Mensch vereint sich mit anderen Menschen, die alle zusammen eine Gesellschaft bilden. Die Gesellschaften machen manchmal große und schnelle Veränderungen durch; diese Veränderungen nennen wir Revolutionen.
Wir können auch sagen, die Evolution geschieht in Sprüngen. Der Mensch ist sich heute dieser Sprünge bewußt und versucht sie zu lenken, und das sind die Revolutionen. Revolution ist das gleiche wie Evolution, aber beschleunigt und gelenkt vom Menschen.

Ernesto Cardenal, Nicaragua

6. Christliches Bekenntnis bei der Alphabetisierungskampagne

Ich glaube, daß die Kultur eine schöpferische Tätigkeit des Menschen ist, mit der er der Berufung Gottes nachkommt, der ihn beauftragt, die ganze Schöpfung und damit auch seine eigenen geistlichen und körperlichen Fähigkeiten und Qualitäten zu vervollkommnen.

Ich glaube, daß Jesus scharf ablehnt
die Wissenschaft als Herrschaftsinstrument,
die Trennung von Theorie und Praxis der Liebe,
das Wissen als Sucht nach Ansehen und als Grundlage für Privilegien,
jeden Imperialismus und jedes Monopol der Wissenschaft,
das Wissen fern von der Weisheit des Evangeliums und der Armen, unfähig, gerechte Gesellschaften hervorzurufen und einen echten Humanismus herbeizuführen;

Ich glaube, daß das Evangelium uns zeigt, daß das Wissen und die Ideen uns zu nichts helfen, wenn sie uns nicht aus unserem Egoismus befreien und uns »zum Glauben, zur Barmherzigkeit und zur Gerechtigkeit« (Mt. 23,23) führen.

Ich glaube, daß der Geist der Liebe und der Freiheit die Sehnsucht unseres Volkes nach dem befreienden Heil und die Befreiungsziele der großartigen Alphabetisierungskampagne inspiriert hat.

Ich glaube, daß wir Christen berufen sind, uns an dieser Alphabetisierungskampagne zu beteiligen und sie großzügig zu unterstützen, weil jedes Projekt der Förderung der Menschen, vor allem der Ärmsten und von der Erziehung Ausgeschlossenen, ein Werk der Gerechtigkeit, eine Frucht der Liebe und ein Zeichen der Wachstumskraft des Reiches Gottes in Nícaragua ist.

Nicaragua

7. Treuegelöbnis

In einer Gesellschaft, die auf Macht, Besitz
und Vergnügen ausgerichtet ist,
will ich ein Zeichen der echten Liebe sein;
ein Zeichen dafür, daß Christus allein
der Herr der Geschichte ist,
der unter uns anwesend ist
und der auch fähig ist, eine Liebe hervorzurufen,
die stärker als die Instinkte und der Tod,
stärker als alle wirtschaftlichen Mächte ist.

Ich will ein Leben der Suche und der Nachfolge Christi führen,
der arm, keusch und dem Willen des Vaters gehorsam war,
um allein für ihn und sein Erlösungswerk zu leben.

Ich gelobe, dem Herrn treu zu bleiben:
in Gesundheit und Krankheit,
in meiner Jugend und im Alter,
in ruhigen Zeiten und in der Verfolgung,
in der Freude und in der Traurigkeit,
in seiner Menschwerdung in den Armen,
indem ich arm und solidarisch sein will mit ihnen
in ihrem Kampf für die Befreiung,
durch Beteiligung an seinem evangelischen Auftrag
unter den Menschen,
indem ich meine Liebesfähigkeit restlos
auf ihn und alle Schwestern und Brüder richte
und indem ich in der Suche nach dem Willen Gottes lebe,
durch sein Wort, in seiner Kirche
und durch die Zeichen der Zeit unter den Armen.

Silvia Maribel, El Salvador

8. Wir erheben die Arme zum Zeichen des Sieges

(Eucharistisches Hochgebet in der Stunde des Sieges
im Befreiungskampf)

Vater, wir erheben die Arme,
die Finger gestreckt zum Zeichen des Sieges,
um dich zu lobpreisen an diesem Tag,
an dem wir den Sieg deines Volkes feiern.
Ja, Vater, heute sind wir zum Siege gelangt,
und wir sehen darin das großzügige Geschenk deiner Gnade,
die allen Nicaraguanern zugute kommt,
insbesondere aber jenen, die sie bisher nie erfahren hatten,
nämlich deine Lieblinge: die Verarmten, die Ausgebeuteten,
die Campesinos, die Proletarier, die Indianer.

Wir loben dich, Vater, weil du heute wie nie zuvor
in unserer Geschichte gegenwärtig bist.
Und wir sagen dir Dank dafür,
daß die Gefangenen ihre Freiheit wiedergefunden haben.
Heute sehen wir klar,
daß deine Sache die Sache des Volkes ist
und daß deswegen der Sieg des Volkes auch dein Sieg ist.
Heute ist der Tag, an dem die Verhafteten
aus den Gefängnissen herauskommen,
an dem die Verjagten und die Untergetauchten
wieder das Licht erreichen.
Heute ist der Tag, an dem wieder Frieden erfahren wird.

So wollen wir auch diesen österlichen Tag feiern,
den Tag der Auferstehung deines Volkes,
in dieser Stunde deiner besonderen Anwesenheit
in unserer Geschichte.
Heute hat sich in Nicaragua alles verändert:
die Seen sind reiner und die Berge höher,
die Sonne scheint klarer und der Himmel strahlt blauer,
die Städte und Dörfer ergötzen sich im Licht,
die Leute lachen und singen aus Freude,
die rot-schwarzen Fahnen,

die auf unseren befreiten Landen flattern,
entfalten sich, um dir zu danken,
Vater und Befreier.

Vater, wir gedenken heute unserer Heilsgeschichte,
der langwierigen Jahre von Leid und Kampf,
die diese Zeit des Sieges eingeleitet haben.
Wir gedenken der langen Zeiten, in denen du bei uns warst,
aber so vieles uns dein Leben und deine Gnade verhüllte:
der Jahre des Terrors, der Verfolgung und der Versklavung,
der Jahre der Spitzel und der Gefängnisse,
der Zeiten, als das Böse stärker als das Gute war,
als es ein Verbrechen war, Gedanken laut zu äußern;
all der harten Jahre der Diktatur der Somozas.
Die so tragischen Jahre waren aber auch
die Jahre des Heldentums,
und das war auch ein Zeichen deiner Anwesenheit unter uns.
Der Samen der Befreiung ist aufgegangen,
er ist heute, vor unseren Augen, zum großen Baum,
zur reifenFrucht geworden; er ist das Werk deiner Hände.
Deshalb sind wir dir dankbar dafür,
daß du uns in unserer Geschichte begleitet hast.

Wir wollen dir besonders Dank sagen
für all die Männer und Frauen,
die du in unserer Mitte hervorgebracht hast.
Wir danken dir, Vater,
für das Vorbild Cesar Augusto Sandino,
General der Freiheitsmenschen,
Sohn unseres Volkes und unseres Landes,
der die Fahne der Freiheit schwang,
als die Schande der Invasion und der ausländischen Herrschaft
unsere Heimat unter Leidensdruck setzte.
Wir danken dir ebenfalls,
weil du aus unseren Reihen Carlos Fonseca Amador erwecktest,
der die Fahne Sandinos wieder hißte
und sie mit seinen Kameraden zum Flattern gebracht:
sie wurden die Gründer der Sandinistischen Befreiungsfront.

Wir blicken zurück, in die schwierige Zeit
des Lebens im Untergrund,
als die Sandinistische Bewegung kaum wie ein Samenkorn groß war

und Sandinist sein noch als Wahnsinn galt.
Wir verneigen uns vor all jenen, die gefallen sind
und so großmütig ihr Blut vergossen haben,
damit der Tag anbreche, den wir heute feiern können.
Wir feiern das Gedächtnis von Leonel Rugama,
Santos López, Oscar Turcios, Claudia Chamorro,
Gaspar García Laviana.

Wir sagen dir Dank, Vater,
denn du warst ständig unter uns,
deine Hilfe und deine Kraft
haben uns in den alltäglichen Niederlagen neuen Mut gegeben,
und weil du uns daran glauben ließest,
daß eine freie Heimat Wirklichkeit werden kann,
weil du dem Volk Mut zum Kampf schenktest,
eine unverbrüchiche Großzügigkeit,
die Sehnsucht nach einer besseren, noch nie erlebten Zukunft.
Und weil nun diese Zukunft heute Wirklichkeit geworden ist,
preisen dich Tausende von Stimmen:
die Stimmen aller Christen Nicaraguas,
die Stimmen der hier Versammelten
auf dem Hauptplatz von Ciudad Sandino.

Unser Ruf, in Übereinstimmung mit deinem Namen,
ist das Lied der Freiheit und der Begeisterung deines Volkes.
So wollen wir unsern Dank zum Ausdruck bringen:
»Heilig, heilig, heilig ...«
Laut und in aller Freude preisen wir Jesus,
den Ersten der Gefangenen und Befreiten,
den Gedemütigten, der erhoben wurde,
den Geschlagenen, der sich erhob,
den zur Verstummung Verurteilten,
dessen Frohe Botschaft wir heute verkünden.
Er ist der Erste geworden,
weil Er den letzten Platz eingenommen hatte;
somit hat Er die Würde des Menschen wieder hergestellt,
bis zur Wiederkehr des Menschensohnes in seiner Vollendung.
Ihn bekennen wir heute als Symbol der Menschheit
und als den Erstgeborenen unter denen,
die das Licht erblickt haben.
Wir freuen uns zusammen mit Jesus
und wir wollen ihm ähnlich werden in seinem Lebensstil.

Wir haben teil an seinem Geist
und empfehlen uns ihm während dieser Feier,
der höchsten christlichen Feier,
die, weil christlich, auch revolutionär ist.
Auf diese Weise wollen wir die Hoffnung erneuern,
daß der heute begonnene Sieg zu seiner Vollendung gelange,
und gleichzeitig ein Zeichen brüderlicher Kommunion setzen.
Versammelt um diesen Tisch,
gedenken wir an Jesus,
der bei seinem letzten Abendmahl von den Seinen Abschied nahm,
indem er das Brot brach und es segnete ...

Vater, wir verkünden den Tod und die Auferstehung dessen,
den man hat umbringen wollen
um die Erinnerung an ihn von der Erde zu tilgen.
Die Qualität seines Lebens bleibt aber eingeprägt in uns,
und seine Auferstehung legt uns nahe,
daß es eine Hoffnung gibt.
Wir feiern dieses Fest,
um den Zusammenschluß mit ihm zum Ausdruck zu bringen.
Das ist das Opfer, das dir wohlgefällt
und durch das du uns rettest.

Wir hoffen, daß alle zusammen mit Jesus
leben werden in jenem neuen Land der Freiheit und Liebe,
wo wir dich preisen werden
in Ewigkeit.

Nicaragua

VIII Visionen des Künftigen

Alle Dinge streben dem Frieden zu
Er wird mit der Morgenröte
ankommen
In dieser gequälten und erschöpften
Welt
Er wird durch die Hand der einfachen
Menschen gebracht
Der Niedrigen und Armen der Erde
Er wird wie Tau sein für diese
vertrocknete Erde

Aus: Os Salmos da Vida, Brasilien

1. Morgen, mein Sohn, wird alles anders sein

Gedanken eines Vaters im Gefängnis, vor seiner Hinrichtung

Morgen, mein Sohn, wird alles anders sein.
Die Bedrängnis wird durch die Hintertür verschwinden,
die für immer von den Händen
neuer Menschen verschlossen wird.
Der Campesino wird lachen auf seinem Grundstück,
das klein, aber doch sein eigen ist.
Die Töchter des Arbeiters werden sich nicht mehr prostituieren,
auch nicht die des Campesino;
durch würdige Arbeit werden sie sich
Brot und Kleidung verdienen.
Im Haus der Proleten wird das Weinen ein Ende haben.
Du wirst froh lachen,
mit dem Lachen, das die Teerstraßen, die Wasser der Flüsse,
die Landwege überall hintragen werden.

Morgen, mein Sohn, wird alles anders sein.
Ohne Peitsche, ohne Gefängnis, ohne Gewehrschüsse,
die die Ideale der Menschen unterdrücken.
Du wirst durch die Straßen sämtlicher Städte ziehen können,
die Hände deiner Kinder in deinen Händen,
wie ich es mit dir nicht machen konnte.
Der Kerker wird deine Jugendjahre nicht gefangenhalten,
wie er die meinen eingesperrt hielt.
Auch wirst du nicht im Exil
mit vor Sehnsucht zitternden Augen dahinsterben müssen,
wie mein Vater sterben mußte,
wie mein Vater aus Sehnsucht
nach der Landschaft seiner Heimat den Tod sehen mußte.

Morgen, mein Sohn, wird alles anders sein.

Eswin Castro, Nicaragua

2. Mit diesen Händen

Für Jonas, den Propheten,
den der Tod nicht auslöschte

Ich werde den Boden von morgen bebauen.
Mit diesen Händen, die noch Fesseln tragen.
Es macht nichts, das Blut,
ob es meinen Händen entspringt oder der verletzten Erde.
Es macht nichts, wenn die Ernte des Lichts noch dauert,
oder wenn der Bodensatz der Nacht noch lebt.
Es macht nichts, daß der Auftritt des Feindes
nur Trümmer hinterlassen hat.
Ich werde den Boden von morgen bebauen,
auch wenn ich heute zusammenfügen muß
den Körper meines Bruders, der zerstückelt wurde.
Es macht nichts, wenn die Ernte des Lichts noch dauert.

Hamilton Pereira Silva, Brasilien

3. Kommt o Arme

Kommt ihr Besitzer der Armut,
die ihr keinen Namen habt im Jahrhundert.
Kommt ihr Menschen der Betrachtung.
Kommt die ihr die Sprache gewechselt habt.
Kommt ihr Fremden und Vagabunden.
Kommt ihr Barfußmenschen und die ihr
die Augen habt voll Entsetzen.
Jesus Christus, König der Könige,
will euch die Füße waschen,
der Sohn des Tischlers kann euch nicht verlassen.

Jorge de Lima, Brasilien

4. Ich will einer sein, der Freiheit sät

Ich will ein Bote der Hoffnung sein,
Licht bringen in meinen Augen,
leidenschaftliche Unruhe in meinen schwachen Händen
und die belebende Kraft Gottes in meinen Worten.

Ich will einer sein, der Freiheit sät
unter den Menschen, meinen Brüdern –
das Reich zu bauen auf dieser Erde, dieser guten – und unserer!

Ich will den Frieden ansagen
mit Füßen, die nicht entweiht sind vom Gold.

Ich werde nicht gehen auf den Wegen der Ungerechtigkeit.
Ich werde mich nicht abfinden
mit der Unterdrückung der Ärmsten.
Ich werde Kraft trinken, dort, wo das Volk trinkt,
und werde meinen Platz haben,
wo es ein menschliches Wesen gibt.
Mein Schweigen wird das geheimnisvolle Schweigen sein,
mit dem sich die Niedrigen dieser Erde ernähren.

Ich werde mein Herz nicht verkaufen durch die Lüge,
niemals werde ich die Wahrheit stumm machen.
Ich werde sein wie das Schweigen, das niemals bemerkt wird,
und doch empfindet es zuinnerst
den Schmerz und die Hoffnung eines jeden Menschen.

Glücklich der Mensch, der so sein Leben erbaut,
denn er wird geschmäht und verfolgt werden von vielen.
Aber fest wird er bleiben in seinem Herrn,
denn der Herr, sein Gott, hat ihn gerufen von jeher.

Brasilien

5. Gottes Volk sind wir

Wir sind Menschen, Gottes Volk sind wir.
Wir fordern Land hier auf Erden,
denn im Himmel haben wir es schon.

Wir wollen das Feld bestellen,
Liebe pflanzen wollen wir.
Arbeiter, das Land gehört uns;
es kennt die Mühe nur eines Besitzers.

Es kommt der Tag, o Landflüchtling,
da wirst du den Fuß wieder auf eigenen Grund setzen.
Habe Vertrauen in Gott und die unerschrockene
Beharrlichkeit und die Macht der Einheit.

Wir haben Hände und Hoffnung,
sind wir doch Menschen.
Wenn Armut unsere Vergangenheit ist,
dann ist Gerechtigkeit unsere Zukunft.

Wir kennen die Wahrheit und das Recht, mehr zu sein.
Wir verlangen Freiheit,
um leben zu können und vorwärts zu kommen.
Arbeiter, neues Leben breitet sich aus,
wenn wir in Gegenseitigkeit vereint
jeder Anfechtung standhalten.
Denn wir haben einen Glauben und sind eines Sinnes.

Dieses Land ist zum Bearbeiten,
gutes Wasser und klare Luft hat es.
Wir stehen bereit, die Hand am Pflug.
Denn gewiß ist uns der gute Himmel.

Dom Pedro Casaldáliga, Brasilien

6. Psalm vom Frieden

Die Füße der Welt bewegen sich heute
auf Asphaltstraßen und beschreiten den Weg der Gewalt.
Doch das Herz der Niedrigen ist stärker als Panzer.

Der Friede kommt zu den Menschen nicht von außen,
noch wird er mit Hilfe von A-Waffen konstruiert,
noch wird er durch Regierungsverträge geschaffen.
Er ist gegenwärtig im Herzen des Universums,
und alle Dinge streben dem Frieden zu.

Er wird mit der Morgenröte ankommen
in dieser gequälten und erschöpften Welt.
Er wird durch die Hand der einfachen Menschen gebracht,
der Niedrigen und Armen der Erde.
Er wird durch Kinderhand
und begleitet von der Musik mutiger Jugend angekündigt.

Er wird wie Tau sein für diese vertrocknete Erde.

Brasilien

7. Der Glaube

Eines Tages
als wir erwachten
war alles
verändert.

An der Macht
ein Asket
mit tiefem
Blick.

In den Schulen
Lehrer
Weise
die
weihten uns ein
in Wissenschaften
und Künste.

Auf den Straßen
schenkten
die Menschen
das Gold
gesammelt
während Jahrhunderten
blutigen
Raubs.

Die Armen
boten
fürs Essen
ihre Güte
die unbefleckt
war.

Euphorische
Generäle
warfen
ins Meer
Kanonen
Gewehre
Uniformen

und ihre Träume
von Ruhm
und Blut.

Weinende
Priester
(aller
Konfessionen)
erfüllten
die Liebe
die
die Götter
in den Bibeln
gelassen hatten.

Die Dichter
kehrten
zum Lied zurück.
Die Verse
voll
Honig
bauten
Gleichnisse auf.

Eines Tages
als wir erwachten
war alles
verändert.

Ariel Canzani D., Argentinien

8. Das Wort wird uns zusammenrufen an seinen Tisch

Das Wort wurde uns Armut im Anzug des Armen,
der aus der Mülltonne lebt.

Das Wort wurde uns Todeskampf in der welken Brust
der gealterten Frau, der ihr ermordeter Mann fehlt.

Das Wort wurde uns Seufzer, tausendmal erstickt
im hilflosen Mund des Kindes, das an Hunger starb.

Das Wort wurde uns Empörung vor dem leblosen Körper
von Gaspar Sánchez Toma, ermordet durch die »Wissenschaft«.

Das Wort wurde uns Gefahr in der Angst der Mutter,
die an den Sohn denkt, den Mann gewordenen.

Das Wort wurde uns Abwesenheit, immer anwesend
in den 70000 Familien, durch den Tod zerrissen.

Das Wort wurde uns unerbittliche Anklage in den glühenden
Kratern, die jene gefolterten Körper verschluckten.

Das Wort-als-Messer peitschte uns an den Ort der Schande,
die schmerzliche Wahrheit der Armen.

Das Wort blies den Geist über die vertrockneten Gebeine
der Kirchen-als-Mumien, Wächterinnen des Schweigens.

Das Wort, Trompete der Frühe, weckte uns aus der Ohnmacht,
die uns der Hoffnung beraubte.

Das Wort wurde zum Weg im Urwald, zum Entschluß in der Hütte,

zur Liebe in der Frau, zur Einheit beim Arbeiter
und zum Sterben für einige wenige, die Träume säen.

Das Wort wurde Licht,
Das Wort wurde Geschichte,

Das Wort wurde Konflikt,
Das Wort wurde unbezähmbarer Geist
und streute seinen Samen
über den Berg
an den Fluß
und in das Tal.

Und die Menschen-guten-Willens hörten das Singen der Engel.

Die müden Knie erstarkten,
die zitternden Hände fanden Halt,
und das Volk, das im Finstern wandelte,
sah das Licht!

Und endlich:

Das Wort ward Fleisch in der Heimat-schwanger-mit-Freiheit,
Der Geist stützte die Arme, welche die Hoffnung schmiedeten,

Das Wort ward Fleisch in dem Volke, das einen neuen Tag erspäht
und wurde uns Leben in Joseph und Maria,
die das Recht hochheben und die Gemeinheit begraben.

Das Wort wurde uns Samen-der-Gerechtigkeit,
Empfängnis des Friedens.

Das Wort schrie in dieWelt
die Wahrheit über den Kampf gegen den Unmenschen.

Das Wort ließ Gerechtigkeit regnen
und Friede sproßte in der Furche der Erde.

Und wir sahen seine Herrlichkeit
in den Augen der Armen, in Menschen verwandelt.

Und die Gnade und die Wahrheit wurden zum Fest
im Lachen der Kinder, durch das Leben gerettet.

Und die-den-Stern-sahen
öffneten uns den Weg,
den wir jetzt gehen.

Währenddessen
stirbt Herodes allmählich dahin,
von Würmern gefressen.

Das Wort wurde Urteil,
und die Unmenschen knirschten mit den Zähnen.

Das Wort wurde Vergebung
und das Herz der Menschen
lernte Liebe bebend erleben.

Und das Wort wird weiter Zukünfte säen
in die Furchen der Hoffnung.

Und am Horizont
lädt uns das Licht-gewordene Wort
ein, tausend Morgendämmerungen neu zu durchleben,
dem Reich, das komme, entgegen.

Das Wort wird uns zusammenrufen an seinen Tisch.
Und sie werden kommen von Osten und Westen,
von Norden und Süden,
und bekleidet mit Gerechtigkeit
werden wir endlich-fröhlich-sein.

Julia Esquivel, Guatemala

Anhang

Herkunft der Texte

Folgenden Verlagen danken wir für die freundlich gewährte Abdruckerlaubnis:
Brasilienkunde Verlag, Mettingen – Lateinamerikanische Kulturvereinigung, St. Gallen – Les Editions du Cerf, Paris – Matthias Grünewald-Verlag, Mainz – Christian Kaiser Verlag, München – Peter Hammer Verlag, Wuppertal – Otto Müller Verlag, Salzburg – Neukirchener Verlag, Neukirchen – Patmos Verlag, Düsseldorf – Pendo-Verlag, Zürich – Vamos Caminando, Gruppe Bambamarca, Tübingen – Weltkreis-Verlag, Dortmund.

I. Lob des befreienden Gottes

1. Aus: Reiser/Schoenborn: Basisgemeinden und Befreiung, Wuppertal 1981, S. 341. Übersetzung: Ingrid Tietz
2. Wie I 1, S. 355f. Übersetzung: Antonio Reiser
3. Aus: Psalmen (verschiedene Ausgaben im Jugenddienst und Peter-Hammer-Verlag, Wuppertal). Übersetzung: Stefan Baciu
4. Aus: Cantigas Menores, Goiania 1979, S. 35. Übersetzung: Ulrich Schoenborn
5. Aus: Os Salmos da Vida, einer hektographierten Sammlung von Gebeten, ohne Jahr, ohne Verfasser, ohne Herausgeber. Näheres dazu in: »Die Glut kommt von unten«, Texte einer Theologie aus der eigenen Erde (Brasilien), herausgegeben von Hermann Brandt, Neukirchen 1981, S. 16 und 159ff. Übersetzung: Ulrich Schoenborn
6. Aus: Charles Antoine: L'Amerique latine en prières, Paris 1981, S. 71f. Übersetzung: Antonio Reiser
7. Aus: Helder Camara: Mach aus mir einen Regenbogen, Zürich 1981, S. 9f.

8. Aus: Adveniat: Dokumente/Projekte Nr. 14 »Wort Gottes in Choluteca«, Essen o. J., S. 108ff.
9. Übersetzung: Antonio Reiser
10. Übersetzung: Antonio Reiser

II. Hilferufe aus der Tiefe

1. Wie I 1, S. 342 und 346
2. Aus: Oração do dia e da noite. Übersetzung: Ulrich Schoenborn
3. Wie I 6, S. 68f.
4. Wie I 5
5. Aus: Gottfried Deelen: Kirche auf dem Weg zum Volke, Mettingen ²1982, S. 85
6. Aus: Fredy Kunz: O ovelha de Urias, O grito do justo oprimido, São Paulo 1979, S. 61f. Übersetzung: Ulrich Schoenborn
7. Wie I 3
8. Wie I 6, S. 70f.
9. Übersetzung aus: Lieder wie Weiden in der Luft, Textblatt zur Schallplatte mit gleichem Titel, herausgegeben vom Bischöflichen Hilfswerk Misereor, Aachen 1978
10. Aus: Hilfe für einen Gottesdienst zum Jahrestag der Ermordung von Erzbischof Romero, herausgegeben von der Christlichen Initiative El Salvador e. V. Münster 1981, S. 35f.
11. Aus: Luis Espinal: Oraciones a quemarropa, Asamblea Permamente de los Derechos Humanos en Bolivia, Sucre 1981. Übersetzung: Antonio Reiser
12. Aus: Weltmission heute, Rogate 75, herausgegeben von EAGWM, Hamburg 1975, Heft 7, S. 19
13. Aus: Baciu/Marti: Der du bist im Exil, Wuppertal ²1971, S. 133
14. Freundlicherweise aus einer peruanischen Zeitung zur Verfügung gestellt von Rudolf Renfer. Übersetzung: Antonio Reiser
15. Wie I 7, S. 107 und 92
16. Wie II 12, S. 16
17. Aus: Suenens/Camara: Erneuerung im Geist und Dienst am Menschen, Salzburg 1981, S. 61f.
18. Wie II 13, S. 15

19. Wie II 13, S. 129ff.
20. Aus: Stichwort Eine Welt, 16/1980 Wuppertal und Gelnhausen, S. 4f.
21. Aus: Publik-Forum Nr. 25/26, 1980, S. 32f.
22. Übersetzung: Ulrich Schoenborn
23. Übersetzung: Ulrich Schoenborn
24. Aus: Vamos Caminando – Machen wir uns auf den Weg – Glaube, Gefangenschaft und Befreiung in der peruanischen Sierra, deutsche Übersetzung [2]1980, S. 105 und 140. Dieser Campesino-Katechismus ist zu beziehen über: Gruppe Bambamarca, Fronsbergstr. 31, D 7400 Tübingen (Mengenpreise)

III. Klagen und Anklagen

1. Aus: Cantaré – Songs aus Lateinamerika, Dortmund 1978, S. 21f.
2. Aus: Leonardo Boff: Vaterunser – das Gebet umfassender Befreiung (Übersetzung: Horst Goldstein) Düsseldorf 1981, S. 195
3. Die von uns gewählte Übersetzung stammt vom Textblatt eines Solidaritätsgottesdienstes (ohne weitere Angaben!)
4. Übersetzung: Antonio Reiser
5. Wie I 5, Übersetzung: Hermann Brandt
6. Wie I 5, Übersetzung: Hermann Brandt
7. Wie II 5, S. 85ff.
8. Übersetzung: Antonio Reiser
9. Übersetzung: Antonio Reiser
10. Der Text wurde für die Madres de Plaza de Mayo von Padre Capitanio verfaßt, der auch mit einigen von ihnen 1981 in den demonstrativen Hungerstreik trat. Eine der Madres brachte den Text nach Europa. Übersetzung: Antonio Reiser
11. Aus: »Wendekreis« Nr. 3/1980

IV. Einsichten vor Gott

1. Wie II 1, Übersetzung: Antonio Reiser
2. Wie II 24, S. 74
3. Wie I 7, S. 100

4. Wie III 2, S. 122
5. Aus: Fr. Fernando/Fr. Ivo/Fr. Betto: O Canto na Fogneira, Petropolis 1977, S. 346. Übersetzung: Ulrich Schoenborn
6. Übersetzung: Antonio Reiser
7. Übersetzung: Antonio Reiser
8. Übersetzung: Antonio Reiser
9. Wie I 5. Übersetzung: Ulrich Schoenborn

V. Gottesdienste in der Christusnachfolge

1. Der Text: Saúde para todos – Campanha da Fraternitade 1981 – CNBB – Via Sacra das Familias, enthält auch noch »Reflexionen zum Thema Gesundheit«, die hier weggelassen sind. Sie sind nachzulesen in Reiser/Schoenborn: Basisgemeinden und Befreiung, S. 314ff. Übersetzung: Horst Goldstein
Die Holzschnitte sind entnommen: Xylon 50 – Literatura de Cordel – Volkskunst aus dem Nordosten Brasiliens, Zürich 1980
2. Übersetzung: Antonio Reiser
3. Nach: »The Challence of Basic Christian Communities« ed. by Sergio Torres and John Eagleson, Maryknoll NY 1981, S. 217ff.,Übersetzung: Paul Gerhard Schoenborn
4. Übersetzung: Antonio Reiser

VI. Vergewisserung auf dem Wege

1. Wie II 12, S. 17
2. Wie III 2, S. 9 Übersetzung: Horst Goldstein
3. Aus: Zivilisation der Liebe – ein politisches Abendgebet aus Belo Horizonte, Brasilien 1979, übersetzt von Horst Goldstein, in: Theologisch-politische Protokolle, herausgegeben von T. R. Peters, Mainz/München 1981, S. 128f.
4. Aus einer Ostermesse der streikenden Metallarbeiter der ABC-Städte vom 6. 4. 1980. Übersetzung: Horst Goldstein
5. Wie II 24, S. 62, 73, 63, 51
6. Aus: Dom Pedro Casaldáliga: Creio na justiça e na esperança, Rio de Janeiro 1978, S. 92f. Übersetzung: Ulrich Schoenborn

7. Wie II 6, S. 41 f. Übersetzung: Ulrich Schoenborn
8. Wie I 5, Übersetzung: Hermann Brandt
9. Übersetzung: Antonio Reiser

VII. Bekenntnisse im Befreiungskampf

1. Wie I 1, S. 343 f.
2. Wie I 5, Übersetzung: Antonio Reiser
3. Übersetzung: Antonio Reiser
4. Aus: Aufbruch zur Freiheit – Christliche Botschaft in Lateinamerika, Missionsjahrbuch der Schweiz, Basel/Freiburg 1977, S. 19
5. Aus: Ernesto Cardenal: Heimweh nach der Zukunft, Wuppertal 1981, S. 36
6. Übersetzung: Antonio Reiser
7. Übersetzung: Antonio Reiser
8. Übersetzung: Antonio Reiser

VIII. Visionen des Künftigen

1. Übersetzung: Antonio Reiser
2. Aus: Contzen/Schulz: Ein neuer Himmel, eine neue Erde, Wuppertal 1978, S. 90
3. Wie II 13, S. 25
4. Wie I 5, Übersetzung: Hermann Brandt
5. Wie I 1, 334. Übersetzung: Ulrich Schoenborn
6. Wie I 5, Übersetzung: Ulrich Schoenborn
7. Wie II 13, S. 9f.
8. Übersetzung: Juan Allende-Blin, Gerda Zacher

Buch- und Adressen-Hinweise

Vamos Caminando – machen wir uns auf den Weg – Glaube, Gefangenschaft und Befreiung in der peruanischen Sierra, 2. Auflage 1980, deutsche Ausgabe zu beziehen über: Gruppe Bambamarca, Fronsbergstr. 31, 7400 Tübingen (Staffelpreise)

Norbert Greinacher, Die Kirche der Armen, Piper-Verlag, 1980

Horst Goldstein (Hrsg), Befreiungstheologie als Herausforderung, Patmos Verlag, 1981

Gottfried Deelen, Kirche auf dem Weg zum Volke – Soziologische Betrachtungen über kirchliche Basisgemeinden in Brasilien, Brasilienkundeverlag, Mettingen, ²1982

Martin Lange/Reinhold Iblaker SJ, Christenverfolgung in Südamerika (Herder TB 770) Herder-Verlag, 1980

Leonardo Boff, Aus dem Tal der Tränen ins Gelobte Land, Der Weg der Kirche mit den Unterdrückten, Patmos Verlag, 1982

Horst Goldstein, Brasilianische Christologie, Jesus der Severino heißt, eine Skizze, Brasilienkunde-Verlag, Mettingen, 1982

Günter Hartmann, Christliche Basisgruppen und ihre befreiende Praxis, Grünewald Verlag – Kaiser Verlag, 1980

Johannes Meier, Selig, die hungern nach der Gerechtigkeit, Echter Verlag, 1981

Carlos Mesters, Sieben Tage in denKellern der Menschheit, ein Brasilien-Tagebuch der Hoffnung, übersetzt von Ulrich Schoenborn, Neukirchener Verlag, 1982

Dom Helder Camara, Die Bekehrungen eines Bischofs
Peter Hammer Verlag 1979

Dom Helder Camara, Meditation für dies Jahrhundert. Mit einem Nachwort von Klaus Kick, Taschenbuch mit Fotos, Jugenddienst-Verlag 1982

Ernesto Cardenal, Das Evangelium der Bauern von Solentiname, Gesamtausgabe, Peter Hammer Verlag 1981

Ernesto Cardenal, Die Stunde Null
Peter Hammer Verlag 1980

Eduardo Galeano, Die offenen Augen Lateinamerikas
Peter Hammer Verlag, 8. Auflage 1980

Teófilo Cabestrero, Mystik der Befreiung
Gespräche mit Bischof Dom Pedro Casaldáliga
Jugenddienst-Verlag 1981

Julio de Santa Ana, Gute Nachricht für die Armen
Jugenddienst-Verlag 1979

Plácido Erdozain, San Romero de America
Das Volk hat dich heilliggesprochen
Die Lebensgeschichte des Bischofs Romero
Jugenddienst-Verlag 1981

Kirche in Lateinamerika
- Sondernummer Mai 1977
- Sondernummer April 1979
der Lateinamerika Nachrichten (zu beziehen über FDCL, siehe unten)

Amnesty International, Kirche in Opposition – Brasilien (zu beziehen bei Brasilien-Ko Gruppe, Franzstr. 42, 5000 Köln 41.)

Conrad Contzen/Hermann Schulz, Ein neuer Himmel – Eine neue Erde, Athena-Verlag/Christophorus-Verlag/Jugenddienst-Verlag/Laetare-Verlag, 1978

Conrad Contzen/Ursula Schulz, Dein Friede sei mein Friede, Geschichten von der Veränderung in Solentiname, Jugenddienst-Verlag/Gütersloher Verlagshaus, 1982

Hildegard Goss-Mayr, Geschenk der Armen an die Reichen, Europa-Verlag, 1980

Bei folgenden Stellen können Dokumente aus der lateinamerikanischen Kirche auf deutsch bezogen werden:

Adveniat, Bernestr. 5, 4300 Essen 1

Amnesty International, Heerstr. 178, 5300 Bonn 1

Brasilien-Institut, Sunderstr. 15, 4532 Mettingen

Brot für Brüder, Missionsstr. 21, CH 4003 Basel

Brot für die Welt, Stafflenbergstr. 76, 7000 Stuttgart

Evangelisches Missionswerk, Mittelweg 143, 2000 Hamburg 13

Informationsstelle El Salvador und Guatemala, Maistr., 8000 München 2

Internationaler Versöhnungsbund, Schottengasse 3a/I/58, A-1010 Wien

Lateinamerika-Nachrichten, c/o. FDCL, Savingnyplatz 5, 1000 Berlin 12

Misereor, Mozartstr. 9, 5100 Aachen

Missio München, Pettenkoferstr. 26–28, 8000 München 2

Informationsbüro Nicaragua e. V., Friedrichstr. 10, 5600 Wuppertal 1

Sekretariat der Deutschen Bischofskonferenz, Kaiserstr. 163, 5300 Bonn

Terres des Hommes, Postfach 4126, 4500 Osnabrück

Eine Fundgrube ist DIAL (= Diffusion de l'Information sur l'Amérique Latine), (allerdings in französischer Sprache), 170, Boulevard du Montparnasse, F-75014 Paris.